Harper
Collins

Susanne Oswald

Lass mich durch, ich bin die Glücksfee!

Mein Leben mit Mops Töps –
oder wie man glücklich wird

HarperCollins

HarperCollins®

1. Auflage: Dezember 2019
Originalausgabe
Copyright © 2019 by HarperCollins
in der HarperCollins Germany GmbH, Hamburg

Umschlaggestaltung: Kathrin Steigerwald,
büro für gestaltung, Hamburg
Umschlagabbildung: Illustration von Kathrin Steigerwald,
LIGHTFIELD STUDIOS / fotolia
Satz: GGP Media GmbH, Pößneck
Printed in Germany
Dieses Buch wurde auf FSC®-zertifiziertem Papier gedruckt.
ISBN 978-3-95967-354-9

www.harpercollins.de

Werden Sie Fan von HarperCollins Germany auf Facebook!

Für Lilli!

Danke,
dass ich unsere Geschichten erzählen durfte,
dass du mit mir über das Leben mit seinen
Tiefen und Untiefen sinnierst,
dass du einspringst, wann immer ich meiner
Chef-Glücksfee den Weg versperre.

Danke,
dass es dich in meinem Leben gibt.

INHALT

Vorwort

Was ist Glück? Wie sieht es aus? Wie fühlt es sich an? Wie riecht es, schmeckt es und wie klingt es? Gibt es das eine Glück überhaupt? Oder ist es nicht vielmehr eine ganz subjektive Erfahrung? Manchmal ist Glück sehr speziell und nur für eine Person erlebbar, dann wieder trifft es den Glücksnerv einer kleinen, mittleren oder großen Gruppe Menschen.

Des einen Glück, des anderen Leid?

Der Gipfelstürmer wird von Glückshormonen durchflutet, wenn er die Steilwand bezwungen hat. Mich graust allein der Gedanke daran.

Mein Mann seufzt wohlig, setzt man ihm eine

Bouillabaisse vor, ich knabbere dann eher trocken Brot und hoffe auf den nächsten Gang. Und überhaupt: Macht Essen glücklich? Sport? Flirten? Sex? Alkohol? Erfolg? Arbeit? Wie viele Menschen leiden unter ihrer Arbeit? Sie schleppen sich ins Geschäft und können kaum den Feierabend oder das Wochenende abwarten. Andere wären glücklich über einen Job. Irgendeinen.
Da sieht man: Glück ist relativ. Vieles kann, nichts muss.
Um Glück empfinden zu können, muss man auch die andere Seite kennen.

Wer nie traurig war, weiß nicht,
wie süß ein Lachen schmecken kann.

Aber jetzt zurück zur Anfangsfrage: Was ist Glück?
Als Kind war Glück für mich die Zeit im Wald, auf der Suche nach Abenteuern. Auf einer Sommerwiese liegen und den Wolken bei ihrer Jagd

zusehen. Der erste Tag unendlich scheinender Sommerferien. Ein Hitzetag im Freibad. Purzelbäume den Schneehang hinunter. Die mit der Zunge gefangene Schneeflocke. Das Stofftier unterm Tannenbaum.

Doch immer öfter ist der Blick auf die positiven Momente des Lebens getrübt, und gefühlt bringt der Alltag stattdessen immer mehr Schreckensbotschaften mit sich. Beim Lesen in den sozialen Netzwerken geben sich Wut, Angst, Empörung und Hoffnungslosigkeit den Stab in die Hand. Wie schnell ist man versucht, auf Ärger mit Ärger zu reagieren und die negative Energie damit zu potenzieren. Der Strudel dreht sich, will uns mitreißen in die Dunkelheit …

STOPP!

Haben Sie vergessen, wie einfach es ist zu lächeln? Haben Sie vergessen, wie wohltuend ein liebes Wort, eine freundliche Geste oder ein sonniger Gedanke sein kann?

Jedes noch so kleine Glück ist wichtig.

Heute habe ich schon lange keinen Purzelbaum mehr geschlagen (sollte ich vielleicht mal wieder), aber Glück begleitet mich immer noch und ich bin mir dessen jeden Tag bewusst. Und wenn nicht, dann habe ich Freunde, die mich daran erinnern – was wiederum ein großes Glück ist.

Es ist ein Geschenk, dass ich meinem Mann sagen kann, wie sehr ich ihn liebe. Wenn ich meinen erwachsenen und wundervollen Sohn betrachte, macht mich das glücklich. Unser Mops Töps ist sowieso der Familiensonnenschein.

Was bedingt eigentlich was?

Fühlt man sich gut, wenn man glücklich ist, oder ist man glücklich, wenn man sich gut fühlt? Und kann man Glücklichsein lernen? Studien sagen: Ja, man kann.

Für mich steht fest: Jeder Mensch hat seine eigene Glücksfee – die Kraft des inneren Lächelns. Klar ist aber auch, dass immer mehr Menschen den Zugang zu eben dieser inneren Kraft verloren haben. Sie haben sich im negativen Alltag verirrt und sehen nur noch grau und schwarz, als läge ein Schleier über allem, was Freude bringt, über den Farben des Lebens.

So weit das Problem. Doch keine Bange, dieser Schleier lässt sich lüften.

Hier noch ein Warnhinweis: Dem ständigen und

absoluten Glück hinterherzulaufen, erhöht die Wahrscheinlichkeit, unglücklich zu werden – oder zu bleiben.

Glück ist keine Beute,
es ist ein Geschenk.

Wir sollten bereit sein, es anzunehmen, aber nicht verzweifelt danach streben. Alles kriegen wir sowieso so gut wie nie. Gesundheit, tolle Arbeit, den perfekten Partner, die besten Nachbarn oder wahlweise keine, das Traumhaus, den Traumkörper … Wenn wir nach all dem streben, kann der Preis verdammt hoch sein – und das ohne Garantie! Wir werden das Glück am Rand des Wegs aus den Augen verlieren. Wär doch schade drum. Das ewige und allumfängliche Glück gibt es nicht und ich möchte sagen: Das ist auch gut so. Wir können es heute schon oft genug nicht würdigen. Wäre es immer und überall verfügbar, hätte es keinen Wert mehr – und damit würde der Zauber des Glücks verschwinden.

Also schauen wir auf das partielle Glück und stärken es durch unsere positive Aufmerksamkeit.

Deshalb schreibe ich meine Geschichten zum Glück. Zum kleinen, zum persönlichen, zum besonderen – aber sicher nicht zum allumfassenden Glück.

*Gönnen wir uns die Momente
des Unglücklichseins,
sie machen das Glück umso wertvoller.*

Nicht ganz so glücklich bin ich zum Beispiel, wenn Menschen mich mit meinem unerschütterlichen Optimismus mit einem Stehaufmännchen vergleichen. Die Dinger haben doch nun wirklich keine besonders vorteilhafte Figur. Okay, der Blick in den Spiegel behauptet, meine sei auch ein Stück von der Idealkurve entfernt. Pah! Was soll das überhaupt sein? Idealkurve?

Und überhaupt. Stimmt eh nicht, was der Spiegel behauptet. Die Wahrheit liegt ganz woanders. Und ich habe das Rätsel gelöst. Wie? Na, das erzähle ich Ihnen jetzt.
Viel Spaß beim Glücklichsein wünschen

Susanne Oswald und Chef-Glücksfee Töps

Entdecke das Einhorn
in dir

Meine Freundin Lilli und ich lieben es, mit unserer Fantasie zu spielen und damit der Realität – falls die gerade nicht so will, wie wir es gern hätten – zumindest vorübergehend die Zunge rauszustrecken. Gemeinsam machen Fantasiereisen noch viel mehr Spaß. Wir stacheln uns gegenseitig an und genießen die grenzenlose Freiheit der Gedanken. Sich die Leichtigkeit des Seins herbeiträumen zu können, ist auch eine Form von Glück.

Wir träumen uns auf eine Insel in der Südsee, an eine Bar mit köstlichen Cocktails, an den Strand auf Sylt, auf die Bestsellerliste oder auch jung und schön. Alles kein Problem. Wir haben eine ausgeprägte Vorstellungskraft.

Leider holt uns nach diesen Träumereien doch auch immer wieder der Alltag ein – manchmal recht unsanft. Wir müssen uns den Tatsachen stellen und die Aufgaben annehmen und meistern.

So seufzte ich eines Tages, als wir beim Kaffee saßen und uns über das Leben austauschten: »Ach, ich wäre so gern reich.«

Kein Wunder, dass meine Gedanken in diese Richtung gingen, ich hatte den Vormittag mit meiner Buchhaltung verbracht.

Doch damit brauchte ich Lilli gar nicht zu kommen. Viel zu profan. Sie rümpfte auch prompt die Nase und meinte: »Ich hätte lieber ein Einhorn.«

Einhorn? Nichts leichter als das! Ohne lange nachzudenken, konterte ich: »Hast du doch. Das lebt in dir.«

Ja, ich bin die Meisterin der Rosadenker. Ich gebe es zu. Besser noch: Ich stehe dazu. Ich liebe es, rosa zu denken, ohne dabei den Blick auf die Realität zu verlieren (meistens).

Ich fühle mich wohl in meiner positiven Wolke und tanze darin durchs Leben – mal mehr, mal weniger erfolgreich, aber (fast) immer positiv.

Meine liebe Lilli hingegen ist die Analytikerin. Wo andere vielleicht mit einem wohligen Bauchgefühl auf die Vorstellung eines Einhorns in sich reagieren würden, will sie es genau wissen.

»Echt? Das lebt in mir? Wie ein Spulwurm?«, hakte sie also nach.

Okay, die Vorstellung eines Spulwurms war jetzt nicht ausgeprägt romantisch, aber wenn es ihr half, sollte es mir recht sein.

»Ja. Fast. Es frisst aber nicht deine Leber. Wenn du dir ein Einhorn wünschst, dann ist deine persönliche Glücksfee eins. So einfach ist das.«

Lilli musterte mich einen Moment, schien in sich hineinzufühlen. Vielleicht versuchte sie, das Einhorn in sich zu spüren. Ich war mir nicht sicher.

»Gut«, sagte sie schließlich und nippte an ihrem Kaffee. Immer noch nachdenklich. Dann stellte sie mit Schwung die Tasse auf den Tisch und strahlte mich an: »Das würde natürlich meine Figur erklären.«

KREISCH!

Nachdem ich mich von meinem Hustenanfall erholt hatte, klopfte ich ihr begeistert auf die Schulter.

»Mensch, Lilli, das ist es! Das ist genial! In Wahrheit sind wir schlank. Es sind die Einhörner in uns, die sich so breitmachen.«

Da hätte aber auch schon mal früher jemand drauf kommen können. Hätte uns einige Quarkkuren erspart.

Je länger ich drüber nachdachte, desto logischer erschien mir das. Schließlich ist alles eine Frage der Perspektive. Das steht außer Frage.

Wenn ich jetzt in den Spiegel blicke, gibt es kein Murren und unzufriedenes Stirnrunzeln. Ich sehe eine schlanke Frau mit ihrem inneren Einhorn und lächle.

Und wen wundert es, dass mein Einhorn ein bisschen aussieht wie mein Mops Töps? Schließlich ist er meine Chef-Glücksfee.

Eine kleine
Glücksübung

Stellen Sie sich vor den Spiegel und betrachten Sie sich. Sehen Sie hin. Näher! Noch ein Stück.

Ja, genau, so ist es gut.

Und nun betrachten Sie diese kleine Extrarolle am Bauch, die sanften Schatten unter den Augen, die zarten Fältchen, die ersten grauen Haare – suchen Sie sich die Stellen aus, die Sie nicht optimal an sich finden.

Betrachten Sie genau diese Bereiche mit dem Blick der Liebe. Ihre Glücksfee ist bei Ihnen und unterstützt Sie dabei.

Freuen Sie sich, dass Sie genau so sind, wie Sie

vor dem Spiegel stehen. Es ist gut, genau so, wie es ist.

Hören Sie auf Ihre Glücksfee, sie sagt Ihnen, was für ein toller Mensch Sie sind. Wie schön Sie sind und wie richtig.

Perfekt zu sein, macht uns nicht aus. Und glücklich macht es schon gar nicht.

Die Welt wäre ein langweiliger und fader Ort, wenn wir alle immer und jederzeit perfekt wären – innerlich und äußerlich.

Sich selbst wohlwollend und mit Respekt zu betrachten, ist nicht immer einfach, aber es lohnt sich, das zu lernen.

Viele von uns sind mit dem Satz aufgewachsen: Eigenlob stinkt.

Vergessen Sie es. Der Satz ist falsch und macht uns klein. Wieso soll ich mich nicht freuen dürfen, wenn ich etwas Tolles gemacht habe oder wenn ich etwas an mir mag?

Es geht dabei nicht um einen ausgeprägten Narzissmus, der anderen vielleicht irgendwann auf die Nerven gehen mag. Es geht um einen gesunden Umgang mit sich selbst. Und dazu gehört auch und in erster Linie, sich zu mögen und zu respektieren. Also loben Sie sich, wenn Ihnen danach zumute ist. Nur zu.

Nehmen Sie diese kleine Glücksübung als Ritual in Ihr Leben auf. Immer nach dem Zähneputzen gönnen Sie sich einen Moment und betrachten sich liebevoll anerkennend.

Was anfangs schwierig ist, Ihnen vielleicht sogar unmöglich scheint, wird mit der Zeit positiven Einfluss auf Sie nehmen und Ihre Bereitschaft stärken, glücklich zu sein. Geben Sie Ihrer Glücksfee eine Chance.

Glücksfee?
Kenn ich nicht.

Jeder Mensch hat eine. Mindestens eine! Auch Sie.

Die Glücksfee ist die Kraft
des inneren Lächelns.

Sie sorgt dafür, dass wir zwischen all den schwierigen Dingen die schönen Momente des Lebens nicht verpassen.
Durch die Welt zu gehen und dabei links und

rechts am Wegesrand die schönen Dinge wahrzunehmen – bewusst hinzuschauen und hinzufühlen, das ist ein Geschenk und jeder Mensch trägt die Gabe dazu in sich. Leider lassen viele Menschen diese Fähigkeit verkümmern, sie stecken so tief im Alltag, dass sie das kleine Glück einfach vergessen.

Die Glücksfeen haben es nicht immer leicht. Je nach Persönlichkeit, je nach Lebenssituation kann so ein Glücksfeenjob ganz schön herausfordernd sein. Mancher Mensch verschließt sich seinem inneren Lächeln mit einer beeindruckenden Vehemenz und steht seiner Glücksfee damit sehr im Weg.

Wie sieht sie denn aus, so eine Glücksfee?

Meine persönliche Chef-Glücksfee sieht aus wie mein Mops Töps. Doch es muss nicht unbedingt eine Gestalt sein. Für manch einen ist es ein Gefühl oder eine Stimme.

Das Glück folgt keinen Regeln, alles, was glücklich macht, gilt.

Nehmen Sie sich bitte einen Moment Zeit und hören Sie in sich hinein! Atmen Sie. Spüren Sie. Lauschen Sie. In aller Ruhe und ganz entspannt.

Wie? Sie hören nichts? Sicher? Versuchen Sie es noch einmal. Da – zwischen all dem negativen Rauschen und Pfeifen. Ja, genau! Nein, ich meine nicht das Gluckern im Bauch. Ich meine dieses feine angenehme Geräusch. Diese wohltuende Stimme, die Ihnen ein gutes Gefühl schenkt. Das ist Ihre Glücksfee.

»Lass mich durch, ich bin die Glücksfee!« So versucht sie sich durch Ärger, Wut, Traurigkeit, Verzweiflung, Verbitterung und Hoffnungslosigkeit an die Oberfläche zu kämpfen, um Ihnen Glück zu bringen, um Ihr inneres Lächeln zu stärken. Falls Sie Ihre Fee nicht gehört haben, ist das völlig in Ordnung. Wichtig ist: Sie ist da. Immer.

Je mehr Sie sich darauf einlassen,
desto deutlicher werden Sie Ihr inneres
Glück fühlen.

Wie die Chef-Glücksfee
uns auswählte

Es kommt kein Hund ins Haus – das war von Beginn an klar, als ich mit meinem Mann zusammenzog. Er mochte Hunde nicht besonders, ein eigener kam nicht infrage.

Kein Hund also. Okay. Kein Problem. Wieso auch? Ich hatte bereits Jahrzehnte ohne gelebt. Auch wenn ich Hunde sehr gerne mag und meine Zeit mit Wulf – so hieß mein Schäferhund, den ich als Teenager hatte – zur wundervollsten Erinnerung gehört. In meinem Leben war neben Studium, Beruf und Kind kein Platz gewesen, um mich vernünftig um so einen Vierbeiner zu kümmern.

Und dann kam Emmi. Mein erstes Kinderbuch. Emmi hüpfte samt Mops Lucky in meinen Kopf. Sie stand in einer Straße in Freiburg, in der ich in meiner Jugend gelebt hatte. »Was machst du denn da? Und wieso bist du so schlecht gelaunt?«, fragte ich also dieses Mädchen in meinem Kopf und sie spuckte mir ihre Geschichte quasi in die Tasten. Manchmal konnte ich kaum so schnell tippen, wie Emmi sie mir erzählte.

Wie richtig es war, ihre Geschichte aufzuschreiben, bewies der schnelle Erfolg. Ein Angebot an einen Verlag und innerhalb einer Woche hatte ich die Zusage. Ein Traum wurde für mich wahr. Merken Sie es? Ein Glücksmoment! Und was für einer!

Zur Premierenlesung schenkte meine Freundin mir einen kleinen Plüschmops. Und plötzlich war ein Hund doch wieder ein Thema für mich. Der Wunsch meldete sich. Wieder und wieder. Wäre ja schon schön, so ein Hund. Vielleicht sogar ein Mops, genau wie Emmi.

Was mir damals noch nicht klar war: Ich hatte eine nicht verheilte Wunde in meiner Seele. Eine Hundewunde sozusagen. Denn mein Wulf wurde mir weggenommen. Nicht ganz freiwillig vonseiten meiner Eltern, es gab Umstände, die diese Entscheidung rechtfertigten, aber das konnte ich über Jahre nicht akzeptieren. Der Abschied von Wulf war eine schreckliche Erfahrung und ein Einschnitt in meiner Entwicklung, ich war damals 14, der zu vielerlei Krisen führte. Ob die Krisen ohne diesen Einschnitt auch gekommen wären, ob ich vielleicht die eine oder andere Hürde leichter genommen hätte – wer weiß das schon.

Tatsächlich dachte ich, das wäre längst abgehakt. Immerhin war ich inzwischen über 40. Doch Emmi und Lucky hatten etwas in mir in Bewegung gesetzt.

Anfangs verfolgte ich noch nicht einmal ein Ziel, als ich begann, mir Mopsbilder im Netz anzuschauen. Ich liebte es einfach, sie zu betrachten. Natürlich dauerte es nicht lang, und ich hatte auch jede Menge Welpenbilder auf dem Bildschirm. Immer wieder zeigte ich meinem Mann voller Entzücken diese niedlichen kleinen Racker. Es dauerte Monate, doch seine harte Hundeabwehrschale wurde weich. Das war der Zeitpunkt, ab dem ich nicht mehr ganz absichtslos nach niedlichen Bildern suchte und sie meinem Liebsten präsentierte.

Meine Ausdauer trug Früchte.

Eines Tages war es so weit. Wir wollten uns einmal so einen Mopswurf in echt ansehen. Nur gucken! Eh klar.

Schon auf dem Weg zu Alma und ihren Welpen wurde aus dem »nur gucken« ein »vielleicht, wenn der richtige Mops dabei ist ...«.

Mit »Okay, wenn einer dabei ist, der richtig zu sein scheint, dann reden wir noch mal drüber« seitens meines Mannes saßen wir kurz darauf neben der Welpenkiste und vergnügten uns mit den kleinen Wuselchen. Mopsmama Alma genoss die Pause von ihren Mutterpflichten und ließ uns gewähren.

Die Jungen waren erst ein paar Wochen alt, aber so unglaublich niedlich und witzig und bereits ausgeprägt charakterstark. Nach einiger Zeit konnte ich sie schon an ihrem Verhalten auseinanderhalten. Es gab schüchterne, freche, zutrauliche und kleine Mopsrambos. Anni gefiel mir, sie war keck und wusste genau, was sie wollte. Ich spielte mit ihr und überlegte, ob vielleicht doch ein Mopsmädchen infrage käme. Bislang war für mich immer klar gewesen, dass es – wenn überhaupt – ein Rüde sein sollte.

Während ich noch spielte und Überlegungen zu den einzelnen Mopskindern anstellte, hatte sich neben mir das Schicksal längst entschieden.

Töps hatte sich auf der Hand meines Mannes eingekringelt und schnarchte leise und sehr zufrieden vor sich hin. Mein Mann, der nie einen Hund wollte, saß da und betrachtete dieses kleine Wesen voller Zuneigung. Das Vertrauen, das Töps ihm schenkte, berührte ihn. Die Entscheidung war gefallen, die Chef-Glücksfee hatte uns ausgewählt.

Mit Töpselchens Einzug in unser Haus heilte übrigens auch meine Wulf-Wunde.

Liebe und Glück sind
die besten Heilmittel.

Der Glückstest

Wie geht es Ihrer Glücksfee? Hat sie mit Ihnen einen leichten Job oder muss sie sich abrackern, um Ihr Lächeln zu aktivieren? Wie leicht sind Sie zum Glück zu verführen? Genügt ein kleiner Sonnenstrahl an einem ansonsten trüben Tag? Oder braucht es tagelang strahlend blauen Himmel – und selbst dann warten Sie noch auf die Regenwolken, die ja ganz sicher irgendwann kommen?

Dieser Test kann Ihnen einen Hinweis geben, wie es um Ihr inneres Lächeln und den Kontakt zu Ihrer Glücksfee bestellt ist.

1. Sie wollen sich einen gemütlichen Abend zu Hause machen und kochen dafür extra Ihr Lieblingsessen. Leider rutscht Ihnen das Salz aus, das Essen wird ungenießbar. Das können selbst mitgekochte Kartoffelstücke nicht mehr retten. Wie reagieren Sie?

A – Das war's. Die Vorfreude auf den Abend ist gemeinsam mit der guten Laune dorthin, wo der Pfeffer wächst.

B – Sie prüfen, was der Kühlschrank hergibt, und kochen einfach was anderes.

C – Sie planen um und gehen essen.

2. Es ist ein trüber Tag mit Dauerregen. Die Wolken ziehen eng an eng über den Himmel. Zwischendurch reißt es auf und die Sonne zeigt sich. Was tun Sie?

A – Ich lasse alles stehen und liegen und gehe raus, um die Regenpause zu genießen.

B – Mir doch egal, es regnet sowieso gleich
    wieder.

C – Ich war sowieso schon draußen, Regen ist
    auch schön. Jetzt genieße ich den Sonnen-
    moment.

**3. Sie freuen sich auf einen schönen Abend,
sind zu einer Feier mit großem Menü eingela-
den und wollen Ihre Lieblingshose anziehen,
die Sie für besondere Anlässe im Schrank haben. Doch was ist das? Die Hose kneift!**

A – Ihr Schrank bietet genug Auswahl. Sie
    suchen sich ein anderes Kleidungsstück
    und genießen den Abend genau so, wie es
    geplant war. Um die paar zugelegten
    Pfündchen können Sie sich auch später
    noch kümmern.

B – Sie gehen hin, essen aber nur ein paar
    Happen, um den Schein zu wahren.
    Sie müssen abnehmen!

C – Der Abend ist gelaufen. Sie schieben eine Unpässlichkeit vor und sagen ab.

4. Heute ist Ihr erster Arbeitstag im neuen Job. Wie geht es Ihnen?

A – Die Vorfreude kribbelt, ich kann es kaum erwarten, die neuen Kollegen kennenzulernen und mit der Arbeit loszulegen.

B – Mir graut jetzt schon vor dem Bürodrachen, den es ja leider überall gibt. Bei meinem Pech werde ich vermutlich genau mit dem mein Büro teilen müssen.

C – Ich bin sehr nervös. Hoffentlich blamiere ich mich nicht gleich am ersten Tag. Was, wenn ich die Erwartungen, die in mich gesetzt werden, nicht erfüllen kann? Ich werde aber auf jeden Fall mein Bestes geben und hoffe, es geht alles gut.

5. Im Supermarkt versucht die Kassiererin wohl gerade, die Weltmeisterschaft im Mür-

rischsein zu gewinnen. Ihre Laune ist unter dem Gefrierpunkt. Wie reagieren Sie?

A – Schlechte Laune hat so eine starke Energie auf mich, dass ich mich dem nicht entziehen kann. Meine eigene Laune sinkt und steht nun ebenfalls auf mürrisch.

B – Ich aktiviere mein freundlichstes Lächeln, schenke der armen Frau einen aufbauenden Kommentar. Wenn ich freundlich bin, schaffe ich es sicher, dass sie mir ein Lächeln zurückschenkt.

C – Ihre schlechte Laune, ihr Problem. Wieso soll ich mich damit rumärgern? Ich zahle meinen Einkauf und gehe meines Weges.

6. Ein Zahnarzt-Kontrolltermin steht an. Was geht in Ihnen vor?

A – Mir schlottern schon Wochen vorher die Knie. Ganz bestimmt wird er was finden.

B – Was muss, das muss. Hat keinen Sinn, sich vorher verrückt zu machen. Ein angenehmer Termin ist es allerdings nicht. Augen zu, Mund auf und durch.

C – Ich denke gar nicht so sehr an den Termin, sondern freue mich lieber jetzt schon darauf, wenn die Kontrolle geschafft ist. Vielleicht gehe ich danach zur Belohnung gemütlich Kaffee trinken und gönne mir ein Stück Kuchen.

7. Urlaubszeit. Zeit für gute Laune, Bücher, Lachen, Freude und Entspannung. Doch auf der Fahrt zum Urlaubsziel erleidet Ihr Auto einen Motorschaden. Nichts mehr zu retten. Wie geht es Ihnen?

A – So ein verdammter Mist. Den Urlaub kann ich knicken. Meine Urlaubslaune ist futsch. Ich werde mir kein bisschen Luxus leisten, denn ich benötige das Geld für einen neuen Wagen. Eigentlich könnte ich auch direkt wieder nach Hause fahren.

B – Der Wagen war alt und es war eine Frage der Zeit, wann das passiert. Unpassender Zeitpunkt, aber kein Grund, mir deshalb den Urlaub verderben zu lassen. Erholt kann ich mich dann mit neuer Kraft um das Problem kümmern. Eine Lösung findet sich immer.

C – Die ersten Tage hat mich der Schock über dieses Malheur im Griff, nach einiger Zeit kann ich den Ärger aber loslassen und doch noch den Urlaub genießen. Natürlich etwas verhaltener als geplant, immerhin steht eine große Anschaffung ins Haus – so ein Auto kostet ja nicht nur eine Kleinigkeit.

8. Der erste richtig schöne Frühlingstag ist da. Es ist ein Samstag, Sie haben frei und die Sonne lacht durchs Fenster und lockt. Allerdings deckt sie auch auf, dass die Fenster lange nicht geputzt wurden und es dringend nötig wäre. Was tun Sie?

A – Die schmutzigen Fenster laufen mir nicht weg, die putze ich, wenn ich wieder zu Hause bin. Erst mal raus, Sonne genießen, den Frühling meine Nase und meine Seele kitzeln lassen und mich des Lebens freuen.

B – Ich lege meiner Putzfrau einen Zettel hin, mit der Bitte, die Fenster zu putzen, oder ich suche die Nummer einer Reinigungsfirma raus und mache einen Fensterputztermin aus. Das ist es mir wert und ich kann entspannt den Frühlingszauber genießen.

C – Schmutzige Fenster stören mich, deshalb lege ich sofort los und sorge für klaren Durchblick. Da ich schon mal dabei bin, putze ich gleich alle Fenster. Das dauert zwar etwas länger, wenn ich Pech habe, ist die Sonne nachher weg und ich kann sie nicht mehr bei einem Spaziergang genießen, aber was soll es. Sonnentage wird es noch genug geben.

9. Zum Geburtstag bekommen Sie von Freunden eine Fahrt im Heißluftballon geschenkt.

A – Ich freue mich riesig, denn davon habe ich

schon lange heimlich geträumt.

B – Das ist nichts für mich. Ich frage, ob ich
den Gutschein umtauschen kann.

C – Das überrumpelt mich völlig, an so etwas
habe ich noch nie gedacht. Ich nehme das
Geschenk an, lasse die Idee sacken und
spüre, wie langsam die Vorfreude auf das
Abenteuer steigt.

**10. Wann haben Sie das letzte Mal lauthals und
vollkommen unbeschwert gelacht?**

A – Das ist schon eine Weile her, aber ich kann
mich noch gut daran erinnern und lache
immer mal wieder, wenn auch nicht täglich.

B – Ich lache täglich mehrfach, das gehört für
mich zum Leben dazu.

C – Keine Ahnung.

Auswertung

Frage 1
A – 1 Punkt
B – 2 Punkte
C – 3 Punkte

Frage 2
A – 2 Punkte
B – 1 Punkt
C – 3 Punkte

Frage 3
A – 3 Punkte
B – 2 Punkte

C – 1 Punkt

Frage 4
A – 3 Punkte
B – 1 Punkt
C – 2 Punkte

Frage 5
A – 1 Punkt
B – 3 Punkte
C – 2 Punkte

Frage 6
A – 1 Punkt
B – 2 Punkte
C – 3 Punkte

Frage 7
A – 1 Punkt
B – 3 Punkte
C – 2 Punkte

Frage 8
A – 2 Punkte

B – 3 Punkte
C – 1 Punkt

Frage 9
A – 3 Punkte
B – 1 Punkt
C – 2 Punkte

Frage 10
A – 2 Punkte
B – 3 Punkte
C – 1 Punkt

10 bis 16 Punkte
Ihre Glücksfee ist ziemlich gefordert. Verzweifelt kämpft sie um Durchlass, um Ihr inneres Lächeln zu aktivieren. Geben Sie ihr doch eine Chance. Gönnen Sie sich und Ihrem inneren Lächeln sonnige Momente. Legen Sie bewusst Pausen ein, in denen Sie an etwas Schönes denken, sich einen positiven Moment vor Augen führen und tief durchatmen. Und nicht aufgeben! Auch Sie erleben positive Momente, Sie müssen nur das Bewusstsein dafür schärfen. Versprochen!

17 bis 25 Punkte

Ganz leicht hat es Ihre Glücksfee nicht, aber zumindest sind Sie auch kein so harter Brocken, dass sie sich die Zähne an Ihnen ausbeißt. Sie haben bereits ein bisschen Übung und können zwischendurch das warme Bauchgefühl genießen, das einem ein inneres Lächeln schenkt. Weiter so! Mit etwas Training wird Ihnen das Lächeln – innerlich und äußerlich – immer leichter fallen.

26 bis 30 Punkte

Sie sind ein Sonnenschein. Kaum eine Welle ist Ihnen zu hoch, kein Hang zu steil. Mit Ihrem Optimismus meistern Sie Ihr Leben und schaffen es auch ohne Probleme, anderen Menschen etwas von Ihrem inneren Glück abzugeben. Die dunklen Momente, die bekanntlich auch vor dem größten Optimisten nicht Halt machen, nehmen Sie gelassen an. Kein Problem für Sie, denn Sie wissen ja, dass die Sonne bald wieder scheinen wird.

Aus der
Chef-Glücksfee-Reihe:
Bade(un)glück

Meine Glücksfee hat einen leichten Job, denn ich bin eine geübte Glücksfühlerin und kann mich selbst bei tosendem Sturm noch über die Melodie freuen, die das Heulen und Pfeifen erzeugt. Meistens jedenfalls.

Doch es gibt auch bei mir dunkle Zeiten, Momente und längere Momente, in denen ich nicht bereit bin, das Glück wahrzunehmen. Das ist vollkommen okay.

Wie könnten wir den Tag schätzen,
gäbe es die Nacht nicht?

Wichtig ist nur, dass uns solch eine Dunkelheit nicht zu lange in ihren Klauen behält. Wir müssen zurück ans Licht, müssen uns wieder freuen. An dunklen Tagen fühlt man sich angematscht, Glücksfee hin oder her, es ist einfach alles bäh. Nun heißt es ja, lachen sei gesund, die Lösung ist also einfach: Ein herzhaftes Lachen vertreibt Schlechte-Laune-Wolken und Unwetter. Doch leichter gesagt als getan. Wie soll man lachen, wenn alles nervt?

Wenn mich, die Rosa-Wolken-Tänzerin, ein solches Tief erwischt, hilft mir manchmal nur eine Wanne voll wohlig warmem Badewasser mit viel Schaum. Das ist Streichelzeit für Körper und Seele. Eine kleine wohltuende Alltagspause.

Es gibt wunderbare Badezusätze, die alleine schon mit ihren Namen die Seele streicheln.

Meine Chef-Glücksfee rollt sich dann in mir zusammen, lässt mich machen und wartet ab, bis ich wieder bereit für sie bin.

Da gibt es aber noch den realen Teil meiner Glücksfee, meinen Mops. Schlechte Laune? Kennt er nicht und lässt er nicht gelten.

Töps mag es, wenn ich bade. Er liebt Badeschaum. Den puste ich immer für ihn durchs Badezimmer und er fängt die Blubber auf. Ich stelle mir das ein bisschen wie Zuckerwatte vor, nur bestimmt nicht so lecker.

Neulich lag ich wieder mal in der Wanne und Töps saß davor und winselte.

Aber ich wollte nicht.

Ich wollte in Ruhe meine Wunden lecken, mich so lange in meiner schlechten Laune suhlen, bis die Schaumbläschen sie aufgelöst hätten. Trübsinn und mit dem Mops spielen funktioniert nicht gleichzeitig.

Doch weil Töps so winselte, rief ich: »Ach, Töps. Sei still. Komm doch einfach zu mir. Hopp! Komm. Hopp!«

Es sei angemerkt: Töps hasst es zu baden, und der Wannenrand ist für so einen kleinen Kerl ziemlich hoch.

Was machte der verrückteste Mops aller Zeiten? Er sprang mit einem Riesensatz mitten hinein in die Badewanne und auf mich drauf. Vor lauter Schreck bin ich untergetaucht und hab Wasser geschluckt.

Töps war eine Sekunde vor Schreck gelähmt,

dann machte er wieder einen Satz und draußen war er. Pitschnass!

Das Badezimmer sah aus wie nach einer Wasserschlacht.

Ich musste so lachen, dass mir jetzt noch der Bauch wehtut, wenn ich dran denke.

Mein Mann – von meinem Prusten und Lachen angelockt – streckte den Kopf zur Tür rein, um zu sehen, was los war. Sofort quetschte sich der klatschnasse Töps an ihm vorbei und sauste wie ein angestochener Mops kreuz und quer durchs Haus.

Alltagsprobleme?

Ja, die waren immer noch da. Aber meine Chef-Glücksfee hat sie mit ihrer Komikeinlage schrumpfen lassen. Kein Mensch kann sich ausschütten vor Lachen und gleichzeitig Trübsal blasen.

Was treibt Ihre Glücksfee, um Sie zum Lachen zu bringen?

Eine kleine Glücksübung

Zwei Dinge sind wichtig: zu wissen, was einem guttut, und sich im Bedarfsfall daran zu erinnern.

Spaziergänge, Badewanne, Zeit im Garten oder auch mal eine Tasse Tee und ein Buch oder Strickzeit sind meine Glücksoasen im Alltag. Schlägt das Leben hohe Wellen, hole ich mir in meinen Oasen Kraft und stärke mein inneres Lächeln.

Was sind Ihre Glücksoasen? Was fällt Ihnen ein? Ein Stadtbummel? Kuchen backen (und futtern)? Sich selbst Blumen schenken?

Schreiben Sie die Dinge auf, die Ihnen guttun.

Erstellen Sie eine Liste mit Ihren persönlichen Glücksaktivierern. Es ist egal, ob Sie nur die Worte aufschreiben oder die Liste als Hingucker schön gestalten. Machen Sie es so, wie Sie Spaß damit haben.

Diesen Zettel können Sie nun mit einem Magneten an den Kühlschrank pappen oder griffbereit in einer Schublade aufbewahren.

Wann immer der Alltag zuschlägt und Sie spüren, wie Ihre Kraft nachlässt und die Glücksfee sich verkriecht, greifen Sie die Liste und suchen sich etwas aus. Gönnen Sie sich eine Auszeit, das mildert die Wucht des Alltags und stärkt Ihre Glücksfee.

Das Leid der Welt
und der Kräutertee

Der Besuch meiner Freundin Lilli sollte eine kleine gemütliche Arbeitspause werden. Wir hatten uns zwei Wochen nicht gesehen und wollten uns über die Neuigkeiten in unseren Leben austauschen.

Liebevoll deckte ich den Tisch und goss den Gute-Laune-Kräutertee auf.

»Schön, dass du da bist«, begrüßte ich gleich darauf Lilli, die mit einem Stöhnen in meine Umarmung sank.

»Uff. Ja, ich bin auch froh. Fast hätte ich es nicht geschafft. Was für ein Tag. Nur Chaos, ich kann es dir sagen.«

»Umso besser, dass du jetzt da bist. Komm, ich hab Tee gekocht und Plätzchen stehen auch schon bereit.«

Die ersten Minuten brauchte Lilli, um ihren Stress loszulassen. Das Gespräch sprang locker zwischen uns hin und her, während wir unseren Tee schlürften und Kekse knabberten.

Doch ohne es bewusst zu steuern, rutschten wir immer weiter in den Sumpf ab, den die Welt uns präsentierte. Terror, Wellen des rechten Mobs, scheinbar (oder doch eher anscheinend?) wahnsinnig gewordene Politiker, Krankheit ... Das Elend nahm unsere gemütliche Teestunde in die Zange und quetschte alles Schöne aus uns raus.

Mein inneres Lachen erstarrte.

Ich konnte Lilli ansehen, dass sie sich genauso elend fühlte wie ich. Wir wurden immer kleiner und trauriger und verzagter.

Meine Chef-Glücksfee scharrte und kratzte in mir, vor lauter Entsetzen nahm ich es kaum wahr. Sie brauchte lange, bis ich sie bemerkte. Dann endlich kapierte ich. Ja, sie hatte recht.

»Weißt du«, begann ich also und Lillis Gesichtsausdruck nach erwartete sie die nächste Hiobsbotschaft. Aber ich nahm einen Schluck meines Kräutertees, ließ mich einen Moment in die Erinnerung fallen und sprach weiter: »Weißt du noch, wie wir letztes Jahr hinterm Haus den Hügel hoch sind? Du hast so gemurrt und geschnaubt, weil du Muskelkater hattest. Aber ich hab dich hochgeschleppt.«

Lillis Körperhaltung veränderte sich. Sie sprang an. »Oh, was hab ich dich verflucht«, stimmte sie mir zu und lächelte in sich hinein. »Und wie herrlich war es, dann doch irgendwann oben zu stehen. Wir haben Brombeeren und Heidelbeeren gesammelt. Köstlich.«

»Nicht nur die Beeren. In dem Tee«, ich zeigte auf meine Tasse, »sind Blätter drin, die wir an dem Tag gesammelt haben. Und Minze, Melisse, Erdbeerblätter und getrocknete Beerenkrümel aus meinem Garten. Ist es nicht wundervoll, was die Natur uns schenkt?«

Meine Glücksfee streckte sich und rollte sich zufrieden in mir zusammen. Sie hatte ihren Job erfüllt und Lilli und ich ließen das Leid der Welt draußen und schwelgten für eine kleine Zeit der Atempause in schönen Erinnerungen.

Ein Kräutertee kann nicht die ganze Welt ändern, aber er kann uns eine Oase schaffen, in der wir uns ausruhen und Atem schöpfen können.

Und er kann das innere Lächeln stärken.

Glückstee-Rezept
(Alle Zutaten sind getrocknet)

20 g Brombeerblätter
20 g Erdbeerblätter
10 g Erdbeerstückchen
30 g Zitronenmelisse
15 g Minze
10 g Kornblumenblütenblätter
10 g Ringelblumenblütenblätter

Eine kleine
Glücksübung

Um dem negativen Strudel des Alltags zu entrinnen, genügt oft ein kurzer positiver Gedanke, eine schöne Erinnerung oder ein hoffnungsvoller Ausblick auf Kommendes.

Schaffen Sie sich eine Sammlung solcher positiven Impulse, legen Sie sich ein Glücksalbum an, in dem Sie bei Bedarf blättern können.

Hinein kommen: Bilder, schöne Erinnerungen, Sprüche, die bei Ihnen Glücksgefühle auslösen, Pläne, die Sie glücklich machen.

Kurz gesagt: alles, was Ihnen guttut.

Wann immer Sie spüren, dass Ihr Leben einen positiven Impuls braucht, nehmen Sie Ihr

Glücksalbum in die Hand, blättern darin und schwelgen in den schönen Gefühlen, die dabei in Ihnen entstehen.

Redewendungen rund ums Glück

Jeder ist seines Glückes Schmied.

Schenkt das Leben dir Zitronen –
mach Limonade draus.

Aus den Steinen, die dir im Weg liegen,
kannst du ein Haus bauen.

Glück und Glas, wie leicht bricht das.

Das Glück gehört den Mutigen.

Das Glück ist mit den Fleißigen.

Das Glück der Dummen.

Geld allein macht nicht glücklich.

Geduld ist der Schlüssel zum Glück.

Sein Glück suchen.

Glück im Unglück haben.

Dem Glücklichen schlägt keine Stunde.

Wo der Haufen am größten ist,
scheißt der Teufel zweimal hin.

… sie lebten glücklich und zufrieden
bis ans Ende ihrer Tage.

Der Schlüssel zum Glück.

Scherben bringen Glück.

Glück im Spiel, Pech in der Liebe.

Der dümmste Bauer erntet die dicksten Kartoffeln.
Oder für Angeber: Das maximale Volumen subterraner Agrarprodukte steht in reziproker Relation zur intellektuellen Kapazität des Produzenten.

Wenn das Leben dich nervt,
streu Glitzer drauf.
(Feenstaub geht auch.)

Und dann ist da noch die verzweifelte Glücksfee:
Über Wochen hinweg immer der gleiche Wunsch: »Ich möchte so gerne mal richtig dick im Lotto gewinnen!«
Irgendwann reißt der Glücksfee der Geduldsfaden. Sie meldet sich: »Dann musst du aber auch mal tippen, sonst kann ich dir nicht helfen!«

Die Glücksfee
ist ein Regenbogen

Verkehr, Verkehr, immer mehr Verkehr! Die
Zahl der Autos und Lastwagen auf den Straßen
steigt ungebremst. Die Folge sind Staus, Unfälle,
Massenkarambolagen.

Kein Wunder, dass auch die Zahl der Menschen
steigt, die mit Ängsten zu kämpfen haben.

Plötzlich kann man nicht mehr einfach ins Auto
steigen und entspannt dem Ziel entgegensteu-
ern. Die Angst sitzt mit im Wagen und knabbert
mit ihren kleinen, scharfen Angstmonsterzäh-
nen an der Seele.

Mich hatte das Monster vor Jahren auch erwischt. Mit aller Macht. So heftig, dass ich mich

monatelang davor drückte, Auto zu fahren. Das war möglich, da mein Mann gern fährt, und alle Wege, die ich hätte alleine machen müssen, legte ich so, dass er dabei war. Immer fand ich irgendwas, was er dringend gerade dort erledigen sollte, wo auch ich hinwollte.

Doch dann kam der Moment, als meine Strategie fehlschlug. Das alles lief unbewusst ab, mir war gar nicht klar, was ich da trieb.

Bis zu dem Tag, an dem ich fahren *musste*.

Es war die Hölle. Ich hatte hinterher Muskelkater vor lauter Verkrampfung.

Aber nicht umsonst beschäftigte ich mich auch schon damals mit energetischer Heilung, Entspannungstherapien und allem, was man mit der eigenen Kraft bewegen kann.

Ich bat meine innere Glücksfee um Hilfe. Im Rahmen von Entspannungsübungen ging ich in die Fahrsituation hinein und bat meine Glücksfee, mir zu helfen.

Sie brauchte ihr gesamtes Können. Sie musste sich groß und stark machen, sich wie ein schützender Film über meine Seele legen und sie vor den Monsterzähnen schützen.

Die ersten Male – noch geschah das alles nur in meiner Vorstellung, ich erlebte die Situation in Gedanken – blieb die Angst stärker als die Glücksfee. Die guten Gedanken, die schönen Bilder griffen noch nicht.

Beim vierten oder fünften Versuch verwandelte meine Glücksfee sich in einen Regenbogen. Sie spannte sich in meiner Vorstellung vom Auto aus auf die Straße und ich fuhr im Schutz des Regenbogens. Und ich fühlte mich geborgen. Das ist gar nicht so verwunderlich, denn der Regenbogen steht für Hoffnung, er hat die Kraft, Ängste in Zuversicht und Mut zu verwandeln.

Gleich nach dieser Übung setzte ich mich ins Auto und probierte es aus. Es funktioniert bis heute. Wann immer ich während einer Autofahrt in eine angespannte Situation komme, spannt meine Glücksfee den Regenbogen und hüllt mich ein in seinen Schutz.

Eine kleine Glücksübung

Haben Sie Situationen, in denen es Ihnen so ähnlich geht wie mir damals beim Autofahren?

Gibt es Ängste, die Ihnen beim glücklichen Leben im Wege stehen?

Dann lade ich Sie ein, es mir gleichzutun. Suchen Sie sich einen positiven Gedanken, ein Bild, ein Symbol, irgendetwas, was der angsterfüllten Situation eine neue Energie gibt und sie in etwas Positives verwandelt.

Schaffen Sie sich eine entspannte Situation, machen Sie autogenes Training oder eine Meditation und gehen Sie mit der Aufmerksamkeit bei Ihrem positiven Impuls in Ihrer Vorstellung in die angstbeladene Situation hinein.

Das ist nicht einfach und es ist gut möglich, dass Sie einige Anläufe brauchen, bis Sie auch nur in Gedanken Ihr Angstmonster gezähmt haben. Ist dieser Schritt geschafft, können Sie den nächsten wagen. Nehmen Sie Ihren positiven Impuls in die reale angstbesetzte Situation hinein und geben Sie Ihrer Glücksfee die Chance, mit Ihnen gemeinsam die Angst im Zaum zu halten.

Je nach Situation und Ihrem eigenen Gefühl können Sie auch einen lieben Menschen bitten, Sie bei diesem Schritt zu begleiten. Zwingen Sie sich zu nichts, aber fordern Sie sich gern heraus. Es ist ein tolles Gefühl, wenn man die Angst besiegen konnte.

Das ist eine große Aufgabe, aber mit etwas Übung und Geduld mit sich selbst haben Sie eine gute Chance, es zu schaffen.

Eine Anmerkung:

Selbstverständlich gibt es Ängste, die über ein selbst therapierbares Maß hinausgehen. Scheuen Sie sich nicht, wenden Sie sich an einen Therapeuten. Er wird für eine Weile Ihre Glücksfee unterstützen und Sie auf Ihrem Weg aus der Angst unterstützen.

Aus der
Chef-Glücksfee-Reihe:
Der Preis des Glücks

Echtes Glück kann man nicht kaufen, da bin ich mir sehr sicher. Und dennoch hat Glück auch immer einen Preis. Ich wünsche mir – das gebe ich unumwunden zu – Erfolg. Der kommt nicht von alleine, und damit es meiner Glücksfee nicht so geht wie der Fee, die dem Lottoglück auf die Sprünge helfen soll, arbeite ich sehr gezielt und konzentriert daran und bemühe mich, dem Erfolg den Weg zu ebnen. Das heißt: Die Arbeit, die vielen und noch mehr Stunden am Schreibtisch sind der Preis.

Doch es geht noch weiter.

Jedes Stück Erfolg bringt auch ein Stück Bekanntheit mit sich und das wiederum schränkt die Privatsphäre ein. Scherzhaft sagt mein Mann immer: »Irgendwann kannst du nicht mehr ungeschminkt den Müll rausbringen.«

Okay, so weit ist es noch nicht und muss es wegen mir auch nicht kommen, aber ein wahrer Kern steckt drin.

Ich liebe es, in Jogginghose und ungeschminkt mit Töps über die Felder zu marschieren. Da ich zu Hause arbeite, muss ich mich auch für ein neues Buch nicht extra stylen – es genügt, wenn ich das vor Lesungen oder Presseterminen mache. Doch besonders nach Fernsehterminen steigt die Zahl der Leute, die mich erkennen. Manche gucken nur, andere sprechen mich an, wollen wissen, ob ich DIE bin.

Wenn ich dann mit dem Klecks Tomatensoße auf dem Shirt, ungeschminkt und in Schlabberjogginghose dastehe, dann bin ich manchmal versucht zu sagen: Nein, DIE bin ich nicht. Auf keinen Fall. Sie verwechseln mich.

Aber nein, das tue ich natürlich nicht, denn mein braves Ich sorgt dafür, dass ich mich inzwischen vor Spaziergängen ordentlich anziehe und so die Aufmerksamkeit genießen kann, die fremde Menschen mir schenken. Und ja, es ist selbstverständlich ein Geschenk. Ein Geschenk, für das ich hart gearbeitet habe. Wobei, aber das erzähle ich Ihnen jetzt nur im Vertrauen (!): Mein braves Ich hat nicht besonders viel Power und so gehe ich mal davon aus, dass sämtliche Menschen, die mich vielleicht erkennen, mich längst irgendwann in Jogginghose und Schlabbersabberlook gesehen haben. Und wenn sie mich trotzdem mögen, ist das doch wunderbar. Bei der nächsten Lesung bin ich dann auch ganz bestimmt gekämmt, geschminkt und gestylt. Macht ja auch Spaß – so hin und wieder.

Aber jetzt zurück zur Glücksfee und einem anderen Preis des Glücks.

Töps und ich lieben es, durch die Gegend zu strolchen und uns bei langen Spaziergängen den Wind um die Nase oder Sonnenstrahlen auf der Haut tanzen zu lassen. Bestenfalls sogar beides gleichzeitig.

Als wir noch im Schwarzwald wohnten, hatten die Spaziergänge meistens sehr anstrengende Strecken, da es entweder bergauf oder bergab ging. Das hinderte uns zwar nicht, aber es schmälerte doch die Ausdehnung solcher Strolchrunden.

Dann zogen wir ins Paradies.

Wir wohnen jetzt direkt am Rhein mit ebenen Spaziermöglichkeiten, so weit das Auge blickt. Kein Wunder also, dass wir kaum zu bremsen waren (und bis heute nicht sind …). Die Spazierlust hat uns mit voller Wucht gepackt.

Wann immer es möglich ist, ziehen wir los, stromern am Wasser entlang oder über die Felder und genießen dieses wundervolle Lebensgefühl.

Am ersten schönen Frühlingstag in der neuen Heimat hatte ich einen ganzen Vormittag ohne Verpflichtung. Was für ein Geschenk! Gleich nach dem Kaffee ging es los, die Felder riefen.

Mein kleiner Entdeckermops hatte Spaß und an jeder Wegkreuzung entschied er sich für die Richtung, die noch weiter wegführte. Ich ließ ihn gewähren, gut gelaunt schritten wir voran. Als wir gegen Mittag wieder zu Hause ankamen, verschwand Herr Mops nach einer kurzen, feuchtherzlichen Herrchenbegrüßung in seinem

Korb und schnarchte, kaum dass er sich zusammengerollt hatte.

Und schnarchte und schnarchte.

Klassischer Plattmops – diagnostizierte mein Mann. Erst zum Abendessen kam wieder Leben in unseren Glücksmops.

Am nächsten Tag schien alles in Ordnung.

Töps hatte ausgeschlafen und wir genossen die kleine Spazierrunde. Nachmittags wollte er wie gewohnt zum Kuscheln zu uns aufs Sofa. Er kletterte aus seinem Körbchen, kam rüber, versuchte zu springen und blieb auf halber Höhe hängen. Herr Mops kam nicht hoch.

Was für ein Schreck! Mein Mann und ich waren alarmiert! War Töps krank? Ich hob ihn zu uns hoch und untersuchte ihn. Es schien ihm nichts zu fehlen, außer dass er etwas steifbeinig wirkte. Während ich noch tastete und alle möglichen Überlegungen anstellte, fing mein Mann an zu lachen. In diesem Moment kam auch mir die Erleuchtung: Herr Mops hatte Muskelkater. Miau! Und weil unser Töps ein Schlaumops ist, ließ er sich die nächsten zwei Tage gründlich von uns verwöhnen – wobei der zweite Tag eine Art

Mopsbonus war. Wenn er sich nämlich unbeobachtet glaubte, konnte er schon wieder springen wie eh und je, wusste er hingegen, dass wir es mitbekamen, spielte er den Jammermops und nahm gerne das ein oder andere Trostleckerchen entgegen.

Ja, der Muskelkater war der Preis für das Spazierglück. Aber wo steht geschrieben, dass man sich manch einen Preis nicht auch versüßen lassen kann und ihn damit wiederum in Glück wandeln?

I am what I am!

Von meiner Jogginghosen- und Schlabberlook-
liebe habe ich Ihnen erzählt. Solch ein Outfit
hat natürlich auch den Vorteil, dass nichts
zwickt und man viele Sünden begehen kann,
bevor die Jogginghose flüstert, sie sei zu eng.
Ganz anders als meine schönen Klamotten, die
richtiggehende Diven sind. Ein Teller Pasta zu
viel und schon murren und ächzen sie, als wollten die Nähte platzen. Ich hab sie aber trotzdem lieb.
Niemand muss die perfekte Figur haben, um
perfekt zu sein, denn zu einem schönen Menschen gehört viel mehr als eine genormte Hülle.

Außerdem sind Geschmäcker unterschiedlich, und das ist auch gut so.

Das gilt jedoch nur, solange gewisse Gewichtsgrenzen nach oben und nach unten nicht über- bzw. unterschritten werden. Glauben Sie mir: Ich weiß, wovon ich schreibe, denn die Schallmauer nach oben hatte ich leider durchbrochen.

Was daraus entstand, war zuerst eine trotzige Ich-bin-gut-so-wie-ich-bin-Haltung, mit der ich mir mein ungesundes Gewicht eine Weile schönredete.

Lange konnte ich diese Haltung aber nicht aufrechterhalten. Das tägliche Leben zeigte mir an allerhand Kleinigkeiten, dass ich eben doch nicht gut war, sondern mein Gleichgewicht verloren hatte.

Wer will schon schnauben wie eine Dampflok, wenn er die Treppe in die erste Etage erklimmt? Wer genießt es schon, sich etwas zum Anziehen zu kaufen, wenn das Anprobieren zur Tortur wird? Ich finde diese engen Umkleidekabinen, dieses »raus aus den Klamotten, rein in die Klamotten« übrigens immer lästig, egal, welche Figur ich habe. Mit starkem Übergewicht wird es unerträglich.

Nachdem mir klar wurde, dass ich mein Leben nicht so leben kann, wie ich das möchte, wenn ich mein Gewicht nicht reduziere, war der erste wichtige Schritt getan.

Ein wichtiger Schritt, aber nur der Anfang.

Es folgte ein Prozess, eine neue Lebenseinstellung und ein Wiederfinden des Gleichgewichts. Meine persönliche Chef-Glücksfee hat sich Hilfe geholt, um mich auf dem Weg zu meinem persönlichen Wohlfühl-Leben zu unterstützen. Ich schreibe absichtlich nicht Wohlfühlgewicht, denn zum körperlichen Wohlfühlen gehört für mich nicht nur das Gewicht, sondern auch ein gewisses Maß an Fitness. Ich muss keinen Marathon laufen können, aber ich will auch nicht in die Knie gehen, wenn ich ein paar Treppen zu bewältigen habe.

Mit dem Sport war es bei mir wie mit dem Essen. Die Hürde war, die richtige Einstellung zu finden und alte, tief eingeprägte Verhaltensmuster loszulassen.

Nachdem ich das geschafft hatte, ging der Rest fast von alleine. Okay, fast von alleine ist jetzt wieder die Rosa-Wolken-Tänzer-Stimme. Es war ein weiter Weg und es braucht bis heute Disziplin, denn die alten Muster sind nicht gelöscht, sie sitzen irgendwo im Unterbewusstsein und könnten jederzeit wieder einen Übernahmeversuch starten. Deshalb mache ich mir mein Glück mit meinem neuen Lebensgefühl immer und immer wieder bewusst und nehme es nicht als selbstverständlich hin. Dadurch stärke ich die neuen Muster und meine Glücksfee freut sich.

Meine neu erwachte Liebe zum Sport verdanke ich in großen Teilen Cassey Ho mit ihrer bezaubernd positiven Ausstrahlung, ihrer Lebensfreude und ihrer mitreißenden Art. Cassey assistierte meiner persönlichen Glücksfee, sie war die notwendige Hilfe.

Cassey hat neue Formen von Pilates entwickelt und stellt regelmäßig Trainingsvideos ins Netz. Sie sprüht nur so vor Lebensfreude, liebt neue Abenteuer und lebt ihren Traum. Eine tolle Frau, die den Kontakt zu ihrer persönlichen Glücksfee offensichtlich lebendig hält. Genau damit hat sie mich geködert. Sie ist tough, aber nicht verbissen. Sie ist fröhlich und geht liebevoll mit sich selbst um, mit ihren Stärken, vor allem aber auch mit ihren Schwächen.

Meine tägliche halbe Stunde mit Cassey gehört inzwischen zu meinem Leben wie Zähneputzen und Töps knuddeln.

Es brauchte etwas Übung, bis ich die richtige Einstellung gefunden hatte, aber dann ging es köstlich leichteren Zeiten entgegen.

Und ich bin noch immer auf diesem Weg, hin und wieder auch mit Umwegen, aber sie werden weniger.

Wobei meine *leichteren Zeiten* nicht schlank mit Größe 36 bedeuten. Ich fühle mich auch mit meiner neudeutsch Plus Size wohl.

Nur eine Plus Size im Quadrat, die will ich nie wiederhaben.

Nicht, weil ich dann nicht perfekt bin, aber weil ich mein Leben selbst bestimmen und nicht vom Gewicht bestimmen lassen möchte.

Und deshalb:

I am what I am, das sang schon Gloria Gaynor, und ja, sie hat recht. Ich bin wie ich bin, und das ist vollkommen in Ordnung. Fast. Es gibt Grenzen, die ich für mich festgesteckt habe.

Eine kleine
Glücksübung

Sind Sie mit Ihrer Figur zufrieden und fühlen Sie sich fit? Machen Sie regelmäßig Sport?
Dann dürfen Sie diese Übung getrost überspringen.
Alle anderen lade ich ein, der persönlichen Glücksfee ein wenig zur Seite zu stehen. Sie hat einen harten Job, es ist schön, wenn wir sie dabei nach Kräften unterstützen.

Es gibt neben der Glücksfee noch ein Tier, das die meisten von uns nur allzu gut kennen: den inneren Schweinehund.

Zähmen Sie ihn und zeigen Sie ihm, wer das Sagen hat.

Wenn Sie bislang gar keinen Sport machen, dann fangen Sie langsam an. Es geht nicht um die nächste Olympiateilnahme, es geht um viel mehr – um Ihr Glück!

Integrieren Sie dreimal wöchentlich eine halbe Stunde bewusste Bewegung in Ihr Leben.

Das kann anfangs nur ein Spaziergang sein, gehen Sie im Laufe der Zeit über zum Walken oder Joggen.

Sie können auch über die diversen YouTube-Channels Ihren persönlichen Trainer ins Wohnzimmer einladen.

Zusätzlich können Sie die vielen kleinen leeren Zeiten des Alltags nutzen. Während des Zähneputzens auf einem Bein balancieren und damit Ihren Gleichgewichtssinn trainieren. Während der Kaffee durch die Maschine läuft, können Sie auf der Stelle marschieren.

Und geben Sie dem inneren Schweinehund keine Chance. Lachen Sie ihn einfach aus. Wenn er sagt: »Oh, der Rücken tut weh, ich kann heute nicht«, antworten Sie: »Ein gesunder Rücken braucht starke Bauchmuskeln« – und trainieren Sie.

»Meine Beine tun weh!« – »Kein Problem, trainieren wir heute den Oberkörper.«

»Der Kopf tut weh.« – »Ein guter Grund, an die frische Luft zu gehen.«

Sie werden schon bald für alle möglichen Einwände des inneren Schweinehundes eine passende Trainingsidee haben. Ihr Schweinehund wird ein kleines, sanftmütiges Schoßhündchen werden, mit dem Sie glücklich leben können.

Fit zu sein ist nicht nur eine körperliche Angelegenheit, ein fitter Körper ist eine gute Basis und ein mögliches Puzzleteil für gelebtes Glück.

Fitness bedeutet nicht nur regelmäßige herausfordernde Trainingseinheiten, es ist die Summe der vielen kleinen Trainingsmomente. Sie werden schon bald staunen und Ihre Glücksfee wird es Ihnen danken.

Leckerschmecker
ohne Gemecker

Manchmal, wenn das Leben mir seine Monster-
zähne zeigt, hilft es mir, mich in die Küche zu
flüchten. Wenn ich Gemüse schnipple, in Pfan-
nen und Töpfen rühre und Schwaden köstlichs-
ter Düfte meine Nase umwehen, vertreibt das
ganz oft den Alltagsfrust und stärkt meine Chef-
Glücksfee.
In der Küche finde ich meistens Glitzer, der den
dunklen Alltag wieder zum Schillern bringt.
Ich liebe es zu kochen und genieße mindestens
genauso gern. Und nein, das ist nicht konträr zu
meinem Weg, mich durch gesunde Ernährung
im Umfang zu reduzieren. Im Gegenteil: Gerade

diese Kombination »lecker und gesund« fordert meine Kreativität und belebt den Speiseplan.

Es macht mir großen Spaß, immer neue Rezepte zu entwickeln und auszuprobieren, die köstlich und gesund sind. Man kann Berge von Gemüse verputzen, ohne die anvisierte Ideallinie aus den Augen zu verlieren.

Um glücklich zu sein, müssen es nicht immer Nudeln mit Soße sein. Im Gegenteil: Die machen auf Dauer nicht halb so glücklich wie ein Gericht, das nicht nur im Moment, sondern auch auf lange Sicht guttut. Nur manchmal führt kein Weg dran vorbei. Dann brauche ich Pasta, Brot, Schokoladenpudding oder Grießbrei. Dann feiern die Hormone ein Fest und auch das ist in Ordnung. Das gönne ich mir. Wenn schon sündigen, dann mit Freude. Und gegen Hormone ist selbst die stärkste Glücksfee machtlos. An allen anderen Tagen aber sorge ich dafür, dass die Pasta nicht überhandnimmt, und tobe mich mit meiner Kochkreativität an gesunden und kalorienarmen Variationen von Gerichten aus. Zucchininudeln zum Beispiel liebe ich tatsächlich sehr. Mein Gehirn hat sie als vollwertigen

Nudelersatz akzeptiert. Mehr noch, das Wissen, dass ich bei Zucchininudeln ohne Reue zugreifen kann und mir damit etwas Gutes tue, stärkt den Genuss. Das ist Leckerschmecker ohne Gemecker.

Bis die Erkenntnis aber in meinem Unterbewusstsein gelandet war, bis Seele und Körper so weit waren, gesundes Essen nicht als Pflicht, sondern als Geschenk zu akzeptieren, brauchte es Liebe und Geduld.

Zumindest zu Beginn der Ernährungsumstellung hatte die Glücksfee alle Hände voll zu tun, das kleine Teufelchen im Griff zu behalten, das immer wieder nach Schokolade, Pasta und Gummibärchen gierte. Da half das Wissen, dass ich ja nicht auf alles verzichten muss. Ich musste nur lernen, es zu regulieren.

Irgendwann haben Seele und Gaumen Gefallen an köstlichen Gerichten gefunden und reagieren inzwischen sogar mit Abwehr auf zu viel Zucker und Fett.

Ich habe mir meine Glücksfee als Verbündete auf den Teller geholt. Heute genieße ich mein Essen und zelebriere das auch sehr bewusst.

Während Sie nun über meine Worte nachdenken, gehe ich schon mal kochen. Ich habe Hunger!

Aus der
Chef-Glücksfee-Reihe:
Verduftet

Hier kommt wieder eine Lachen-ist-gesund-
und-stärkt-Ihre-Glücksfee-Geschichte   von
meiner Chef-Glücksfee.

Mittagszeit, das Essen stand auf dem Tisch.
Köstliche Backofenpommes (natürlich selbst gemacht!) mit Salat – sollte es geben. In Wirklichkeit gab es dann aber keine köstlichen, sondern
zu dunkle Backofenpommes mit Salat. Dabei
war ich nur ganz kurz noch am Computer. Ich
schwöre! Das muss ein Zeitloch gewesen sein.

Nützt aber alles nichts, die Pommes waren und
blieben zu dunkel. Sie waren aber nicht so ver-
brannt, dass es ein Wegwerfen gerechtfertigt

hätte. Zum Glück hatten wir Ketchup im Haus. Damit konnten wir die schlimmsten Stellen kaschieren. Den Genuss hob es allerdings nicht. Unsere Laune auch nicht.

Meine innere Glücksfee zog sich in die Schmollecke zurück und ließ mich mit dem Pommesunfall und der schlechten Laune allein.

Ich hielt mich überwiegend an den Salat, während mein Mann sich wagemutig an den Pommes versuchte. Er griff die fast leere Ketchupflasche, schüttelte und drückte. Die Reste sprotzten auf den Teller, er musste ein paarmal schütteln und immer wieder drücken.

Plötzlich stand Töps wild wedelnd neben dem Stuhl und versuchte, auf seinen Schoß zu hüpfen. Er schnupperte und wedelte und war ganz aus dem Häuschen. Doch dann machte er ein richtiges »Hä???-Gesicht«, schnüffelte immer wilder und schien den gesuchten Duft einfach nicht zu finden.

Was war denn in Herrn Mops gefahren?

Mein Mann und ich schauten uns an und prusteten gleichzeitig los. Bei seinen Versuchen, die Reste aus der Flasche zu drücken, hatte diese lustige Geräusche von sich gegeben, die durchaus pupsähnlich klangen.

Töps liebt Pupse. Fast so sehr wie Leckerchen.

Ja, über Geschmack lässt sich nun mal nicht streiten. Während unser Mops immer noch nach dem geliebten Duft suchte, lachten wir uns die schlechte Laune einfach von der Seele.

Irgendwann sah Töps ein, dass der Pups sich wohl verduftet hatte, ohne je sein Mopsnäschen erreicht zu haben, und wackelte enttäuscht ins Körbchen zurück. Beim nächsten Schläfchen träumte er bestimmt vom verschwundenen Pups.

Und die Moral von der Geschicht?

*Manchmal ist das Glück
nur einen Pups weit weg.*

So schlimm war das mit den dunklen Pommes nicht, und der Salat schmeckte wirklich köstlich.

Kieselchen —
Eine kleine
Glücksgeschichte

Das Wasser glitzerte und funkelte im Sonnen-
licht, der Sommer verbreitete Fröhlichkeit. An
diesem wunderbaren Tag fiel es allen leicht, zu
lächeln und das Leben zu genießen. Die Muschel
lag am Strand und schaute gut gelaunt den Wellen bei ihrem Tanz zu. Sie kicherte, als ein feiner
Sprühregen sie erreichte und die Gischt ihr eine
willkommene Abkühlung verschaffte.
»Ach ja«, seufzte es da leise neben der Muschel.
Als sie nicht reagierte, erklang das Seufzen noch
einmal, dieses Mal nachhaltiger.
»Ach ja!«
Neugierig geworden blickte sich die Muschel

um und erkannte, dass dieser Laut, der so gar nicht in die Leichtigkeit des Sommertags passte, von ihrem Freund, dem Kieselstein kam, der direkt neben ihr lag.

»Kieselchen, was ist denn los mit dir? Freust du dich nicht über die Sonne? Schau doch nur, wie vergnügt die Wellen ans Ufer schwappen. Sie plätschern und spritzen übermütig vor lauter Sommerlust.« Sie zwinkerte dem Kieselstein gut gelaunt zu.

»Oh ja, die Wellen können gut gelaunt sein. Sie sind wunderschön. Das Rauschen, wenn sie an den Strand rollen, klingt wie Musik. Sie haben jede Menge Spaß. Ach ja.« Das Grau des Kiesels wurde noch etwas blasser vor lauter Traurigkeit. Die Muschel klappte erstaunt auf und zu. »So, wie du das sagst, klingt es aber gar nicht nach Spaß.«

Der Kieselstein nickte. »Das hast du gut erkannt, Muschel. Es ist auch kein Spaß, wenn man als unscheinbarer Allerweltskiesel diesem bunten Treiben zuschauen muss. Hast du eine Ahnung, wie ich mich dabei fühle?«

Die Muschel unterdrückte das Kichern, als ein

erneuter Sprühregen sie traf. Sie wollte den Kieselstein nicht noch trauriger machen – auch wenn sie keine Idee hatte, wieso er so schlecht gelaunt und missmutig war.

»Erkläre es mir«, forderte sie ihren Kieselkumpel auf.

Der Kiesel rollte ein bisschen zur Seite. »Das ist doch klar wie Flusswasser. Schau nur, die Wellen. Wie herrlich sie plätschern und wie schön sie aussehen mit ihren prächtigen Schaumkronen. Jeder, der sie anschaut, freut sich und bewundert sie.«

Die Muschel nickte und lachte über die ausgelassenen Wellen. »Aber das ist doch etwas Gutes. Was stört dich daran?«, fragte sie den Kiesel.

»Nichts. Ich gönne es den Wellen, aber gleichzeitig bin ich traurig, weil mich nie jemand beachtet. Wieso sollten sie auch? Ich bin ja nur ein unscheinbarer Kieselstein.«

»Aber …«, wollte die Muschel widersprechen, doch der Kiesel ließ sie nicht zu Wort kommen. »Sieh nur, der Strandhafer, elegant wiegt er sich im Wind und raschelt dazu.«

»Oh ja, ich liebe den Strandhafer«, hauchte die Muschel und ihr Perlmutt bekam einen leicht rosa Schimmer. Sie war tatsächlich ein bisschen in den schmucken Hafer verliebt. Der Kieselstein bekam nichts davon mit, er war damit beschäftigt, die Pracht um sich herum zu beschreiben.

»Die Fische schimmern und schillern, dass das Herz vor Freude hüpft. Sie gleiten elegant durch das Wasser und präsentieren den Betrachtern ihre schmucken Schuppen.«

Der Kiesel hatte sich richtig in Rage geredet. »Alles auf der Welt ist schöner und interessanter als ich, und da fragst du, wieso ich keinen Spaß habe und schlecht gelaunt bin?«

»Kieselchen, du übertreibst. Ich glaube, du hast einfach nur schlechte Laune. Du bist doch schick, wie du hier liegst, mit deinem Grau, das in unterschiedlichen Schattierungen strahlt. Und du hast eine wunderschöne Form.«

»Pf. Schöne Form!«, echote der Kieselstein. »Als ob irgendjemand auf der ganzen Welt sich für meine Form interessieren würde. Dazu müsste mich ja überhaupt erst mal jemand wahrnehmen.« Der Kiesel war so wütend auf sein Schicksal, dass er einen Hüpfer machte und Staub aufwirbelte. Er funkelte zur Muschel rüber. »Du kannst mich ja gar nicht verstehen, Muschel. Schau dich doch nur an, du schillerst mit deiner Perlmuttschale und alle, die dich sehen, freuen sich und bewundern dich. Du hast keine Ahnung, wie es ist, wenn die Leute achtlos über dich hinweggehen. Dich lieben alle. Die Kinder sind entzückt, wenn sie dich finden, und hüten dich wie einen Schatz.«

Eine Träne bahnte sich den Weg über den Kiesel hinweg und versickerte im Sand.

Die Muschel klappte auf und zu, sie säuselte dem Kiesel liebe Worte ins Ohr. »Kieselchen, ganz ohne Flunkerei, ich hab dich wirklich gern. Du gefällst mir und ich mag deine Gesellschaft. Und weißt du eigentlich, wie geheimnisvoll du schimmerst, wenn die Wellen dich mit feinem Regen überziehen? Du bist toll, Kieselchen, so glaub mir doch. Ich glaube, du hast einen Staubschleier vor Augen, Kieselchen, sonst könntest du sehen, wie schön du bist.«

Doch nichts, was die Muschel sagte, um ihren Freund aufzubauen, wirkte.

Während die beiden noch debattierten, kam ein Pärchen den Strand entlang. Sie gingen nebeneinanderher. Dicht bei Kiesel und Muschel blieben sie stehen.

»Ich sage dir, ob ich auf der Welt bin oder nicht, interessiert niemanden. Mich könnte es genauso gut gar nicht geben«, jammerte der Kieselstein gerade. Er hatte das Pärchen vor lauter eigenem Kummer noch gar nicht bemerkt.

»Pst. Sei mal leise, Kieselchen«, hauchte die Muschel. »Ich will hören, was die beiden sprechen.« Jetzt merkte auch der Kieselstein, dass sie nicht mehr alleine waren.

»Siehst du, kaum kommt jemand anderer, bin ich nicht mehr interessant. Genau so, wie ich es gesagt habe, ich bin vollkommen überflüssig auf der Welt.«

Die Muschel seufzte. »Sei doch nicht eingeschnappt, Kieselchen. Wir reden gleich weiter, versprochen. Und jetzt: Pst.«

Sie lauschten, was die Menschen zu besprechen hatten.

Der junge Mann räusperte sich, er fing an zu reden, aber im ersten Anlauf erklang nur ein

Krächzen. Er hustete, lachte – es klang irgendwie verlegen –, dann endlich legte er los. Er ge-
stand der jungen Frau mit zitternder Stimme
seine Liebe und es kam zum ersten Kuss. Das
Glück ließ die Luft vibrieren. Die Muschel, an-
geregt durch dieses Beispiel, zwinkerte dem
Strandhafer zu.

Nur der Kieselstein bekam von der Liebe und
der Freude um ihn herum nicht viel mit. Er kon-
zentrierte sich noch immer auf seine eigene Un-
zulänglichkeit.

»Siehst du, die sind auch viel schöner als ich. Ich
bin so unscheinbar, dass niemand mich wahr-
nimmt.«

Die Muschel wollte antworten, wollte den Kiesel im Sand zurechtrücken, damit er endlich zur
Vernunft käme. Doch in diesem Moment bückte
sich die junge Frau und hob den Kiesel auf, der
vor lauter Überraschung ein bisschen staubte.

»Schau nur«, sagte sie. »Ist er nicht wunderschön? So glatt und so perfekt gerundet, einfach
bezaubernd. Sieh nur, dieses satte Grau und hier
leuchtet ganz zart ein bisschen Farbe, als hätte
er einen Regenbogen in sich. Dieser Kiesel ist

der schönste, den ich je gesehen habe, und er ist das Zeichen unserer Liebe. Er ist etwas ganz Besonderes!«

Sie hielt den Kiesel in der Hand und bewunderte ihn von allen Seiten. Und ihr Freund stimmte ihr zu.

»Wir legen ihn in den Sand zurück und immer, wenn wir hier entlangkommen, erinnern wir uns, dass hier ein wunderbarer Stein liegt, der den Regenbogen in sich trägt – und unsere Liebe.« Mit diesen Worten legte die junge Frau den Kiesel zurück an seinen Platz.

Arm in Arm ging sie mit ihrem Liebsten weiter. Zweimal drehte sie sich um und winkte Kieselchen zum Abschied.

Jetzt lag der Kiesel wieder neben der Muschel. Alles war wie vorher, und doch fühlte es sich ganz anders an.

Kein Tag verging, an dem nicht ein freudiger Schauer ihn durchlief.

»Weißt du«, erklärte er der Muschel, die neben ihm lag. »Sie hat mich mit dem Herzen gesehen und erkannt, dass ich etwas ganz Besonderes bin. Und jetzt weiß ich auch, dass ich gar nicht so unscheinbar bin, wie ich immer dachte.«

Und der Kiesel schaute auf den Strand und auf das Wasser, und er freute sich, dass er Teil dieser Welt war, in der er seinen Platz und seine Schönheit gefunden hatte.

»Und ich habe es dir immer gesagt«, antwortete die Muschel. »Aber du wolltest es so lange nicht glauben. Ich freue mich, dass du es jetzt endlich begriffen hast.«

Der Stein kratzte verlegen ein bisschen im Sand herum. »Danke für deine Geduld, Muschelchen. Ja, jetzt habe ich es begriffen. Jeder von uns ist etwas ganz Besonderes, auch ich.«

Das Glück
und die Wissenschaft

Eine eindeutige Definition für Glück gibt es nicht, dafür ist der Begriff zu vielschichtig und von der Perspektive abhängig. Aber man kann sich dem Begriff nähern und die unterschiedlichen Ansätze prüfen, um die eigene Einordnung zu stärken.

Die Wortherkunft
Laut Duden lässt sich die Herkunft des Wortes »Glück« so nachvollziehen:
Aus dem mittelniederländischen (ghe)lucke wurde das mittelniederdeutsche (ge)lucke, daraus entwickelte sich das mittelhochdeutsche

»gelücke«, was so viel bedeutet wie Schicksal, Schicksalsmacht oder auch Zufall.

Die Bedeutung laut Duden gliedert sich folgendermaßen auf:
1. günstige Fügungen, Zusammentreffen günstiger Umstände, die einen positiven Ausgang bewirken.
2. Fortuna
3. a) positiver Gemütszustand
   b) glückliches Ereignis

Philosophie und Glück
In der Philosophie findet sich keine endgültige Antwort auf die Frage nach dem Glück. Vielmehr findet man viele unterschiedliche Antworten, die sich teilweise widersprechen oder auch ausschließen. Es kommt darauf an, aus welcher Perspektive man sich der Fragestellung nähert, welche Voraussetzungen man als gegeben annimmt.
Für Aristoteles war Glück: Tugend und Tüchtigkeit. René Descartes dagegen sagte: Glück ist Zufriedenheit.

Das kann zusammenpassen, muss aber nicht. Denn: Ist man automatisch zufrieden, wenn man Tugend und Tüchtigkeit besitzt? Wohl eher nicht.

Natürlich darf auch die Glücksdefinition anhand der Religion nicht fehlen. So heißt es bei Thomas von Aquin: Glück ist, die Gebote Gottes zu halten.

Aber was ist mit den vielen Menschen, die nicht an Gott glauben? Bleibt denen der Weg zum Glück versperrt? Nein. Sicher nicht. Also auch hier keine allgemeingültige Definition.

Mein Vorschlag:

Finden Sie Ihre eigene Definition. Legen Sie für sich fest, was für Sie Glück bedeutet. Damit schaffen Sie sich eine Art Wegweiser. Sie wissen nun, wohin Ihr Weg Sie führen sollte: immer Richtung Glück!

Psychologie und Glück

In der Psychologie unterscheidet man den Glücksmoment, der aus einer Situation heraus entsteht, und den länger anhaltenden Glückszustand, der aus einer andauernden Zufriedenheit heraus entsteht, die wiederum in der Persönlichkeit begründet ist.

Glück ist demnach »eine extrem starke positive Emotion und ein vollkommener, dauerhafter Zustand intensivster Zufriedenheit«.

Auch in der Psychologie nähert man sich dem Glück aus unterschiedlichen Richtungen. So beschäftigen sich die Positive Psychologie, die Emotionsforschung und auch die Gesundheitspsychologie mit der Erforschung von Glück.

Biochemie und Glück

Hier ist die Definition einfach: Glück ist, wenn die Zusammensetzung der für das Glück zuständigen Botenstoffe stimmt.

Dass es in Wirklichkeit natürlich bei Weitem nicht einfach ist, diese perfekte Zusammensetzung zu erreichen, versteht sich fast von selbst.

Die Botenstoffe Dopamin, Noradrenalin, β-Endorphin und Serotonin bilden, wenn alles passt, einen Cocktail, der uns glücklich macht. Dabei ist die Zusammensetzung individuell unterschiedlich.

Aus Sicht der Biochemie hängt unser gesamtes Sein und Handeln davon ab, in welcher Menge uns unsere Botenstoffe zur Verfügung stehen.

Glück und Politik

Die USA haben das Recht auf »das Streben nach Glück« [Pursuit of Happiness] sogar in die Eröffnungspassage ihrer Unabhängigkeitserklärung aufgenommen.

In vielen Ländern interessiert sich die Politik inzwischen auch für die Glücksforschung.

Glück und Wirtschaft

Auch wenn Richard Easterlin mit seiner Frage, ob wirtschaftliches Wachstum auch eine Besserung menschlichen Schicksals bedeute, den Grundstein dafür gelegt hat, steckt die Beschäftigung mit Glück und Ökonomie noch in den Kinderschuhen.

Für mich ist klar: Immer mehr Wachstum bedeutet nicht immer mehr Glück.

Glücksmessung

Das Glück zu messen ist eine schwierige Aufgabe, da die Ergebnisse je nach Art der Fragestellung stark variieren können. Deshalb bleibt Glück immer ein gutes Stück relativ.

Und dann gibt es da noch …
dieses kleine besondere Land in Südostasien namens Bhutan.

Bereits im 18. Jahrhundert fand Glück dort Erwähnung im Rechtskodex des Landes.

1979 wurde erstmals der Begriff Bruttosozialglück laut. Inzwischen gibt es alle vier Jahre eine umfangreiche Umfrage in der Bevölkerung zum Glück. Es ist ein umfassendes Werk mit einem festgelegten Glücksindex.

Dabei geht es auch um persönliches Glück, aber es wird auch das allgemeine Glück, das Wohl der Gesellschaft beleuchtet. Glück, wie Bhutan es meint, sind weniger die kleinen persönlichen Glücksmomente als vielmehr ein altruistisches Phänomen, für das jeder Einzelne im Rahmen seiner Möglichkeiten einstehen soll. Daraus wiederum entsteht dann auch wieder persönliches Glück.

Bei einem Radiointerview mit Dr. Ha Vinh Tho, dem Leiter des Zentrums für Bruttonational-

glück, sagte Nicole Köster, die Moderatorin:
»Aber ausgerechnet Bhutan, eines der ärmsten
Länder der Welt ...«

Der Glücksbotschafter Bhutans lachte (er lachte
oft und herzlich während des Gesprächs) und
sagte (inhaltlich, nicht wörtlich zitiert): »Genau
das ist der Punkt, der immer verwechselt wird.
Wirtschaftlicher Wohlstand und Glück sind
nicht untrennbar miteinander verknüpft. Bhutan ist ein landwirtschaftlich geprägtes Land, die
Menschen haben nicht viel Geld, aber das hin-
dert sie nicht daran, glücklich zu sein.«

Als gegen Ende des Gesprächs die Frage auf-
kam: »Sind Sie ein Träumer und glauben deshalb
an das Glück?«, folgte die Antwort sehr spontan: »Um an das Glück zu glauben, muss man
Realist sein.«

Dieser Satz stimmte mich nachdenklich. So oft
bezeichne ich mich als Rosa-Wolken-Tänzerin,
bin ich einem Irrtum aufgesessen? Solche Ge-
spräche und Impulse empfinde ich als sehr be-
reichernd, man bekommt immer wieder die Gelegenheit, sich selbst und die eigene Einstellung
zu reflektieren.

Nach eingehender Zeit des Nachdenkens gebe ich dem Glücksbotschafter von Bhutan recht und ergänze es für mich: Ich bin ein auf rosa Wolken tanzender Glücksrealist.

Fimmelst du noch
oder lebst du schon?

Der Matsch des Lebens hatte Lilli erwischt. Sie seufzte inbrünstig. Wieder und wieder. Seit einer Stunde hing ich nun bereits an der Strippe und versuchte, ihre Glücksfee zu aktivieren.

»Weißt du«, erklärte Lilli mir gerade, »das ist so ähnlich, wie wenn du zu Fuß unterwegs bist, ein Auto prescht vorbei und da ist, genau wenn es auf deiner Höhe ist, eine Matschpfütze. Die Fontäne erwischt dich voll. So zugematscht fühle ich mich!«

»Hmm«, machte ich, weil ich in der Sekunde etwas abgelenkt war und nicht gleich die richtige Antwort parat hatte. Ein Teil meiner Aufmerksamkeit war anderweitig gebunden, denn ich hatte nebenher ein bisschen gegoogelt und nach meinen Verkaufsrängen auf diversen Plattformen gesehen. Jaa, nicht sehr höflich, ich weiß, aber hey, ich kann schließlich Multitasking.

»Hörst du mir überhaupt zu?«, kam es auch gleich leicht angeschnupft durch den Hörer.

»Ja, natürlich«, beteuerte ich rasch. »Du, stell dir vor, das Glücksgartenbuch hat auf Amazon Bestsellerrang in einer Unterkategorie.« Ich musste meine Entdeckung einfach mit der Welt teilen. In dem Fall: mit Lilli. »Cool, oder?«

»Schaust du nach deinen Verkaufsrängen, während ich dir gerade erzähle, wie zugematscht mein Leben ist?«

Ups. Jetzt klang sie wirklich verschnupft. Prompt ging es weiter: »Ich kann auch mit meiner Waschmaschine sprechen, wenn ich dir so egal bin.«

»Hey, Lilli, jetzt hol bitte erst mal tief Luft. Ich habe dir zugehört. Ehrlich! Und diese Surferei nebenher, das ist so was wie ein Reflex. Ein Fimmel, wenn du so willst. Ich schau einfach oft nach den Zahlen, das geht schon automatisch. Ich lass jetzt die Finger von der Maus. Versprochen. Also, erzähl weiter, los.«

Lilli überlegte, vor lauter Schnupferei hatte sie ihren Matschfaden verloren. Aber kein Problem, gab es eben einen Themenwechsel. Vielleicht sogar ganz gut, das schob den Lebensmatsch in den Hintergrund.

»Auch wenn alles gerade echt doof ist. Eine gute Sache hab ich. Ich glaube, ich hab abgenommen«, erklärte meine Freundin mir also mit deutlichem Stolz in der Stimme. »Die Bauchinsel, die aus dem Badewasser ragt, ist kleiner geworden.«

Abnehmen. Auch ein Dauerthema bei uns. Immer mal wieder war die eine oder die andere – oder auch beide gleichzeitig – auf Kriegspfad mit ihren Kurven. Wobei es für mich erst anfing zu funktionieren, nachdem ich es nicht mehr als Kriegspfad betrachtete, sondern als Weg der Selbstliebe. Ich schenke mir durch gesunde Ernährung und Bewegung ein neues, wunderbares Körpergefühl. Es klappt. Na ja, nicht immer. Aber oft. Immer öfter.

»Super! Ich bin gerade bei 4 Kilo minus«, verkündete ich also in Erwartung einer Zahlenantwort.

Okay, ja, das war albern, aber für mich war das kein Wettstreit, sondern ein gegenseitiger Ansporn, und ich wusste, dass Lilli das genau so verstehen würde. Tat sie auch. Die erwartete Antwort blieb dennoch aus.

»Ich wiege mich nicht. Das tut mir nicht gut. Da krieg ich Fressattacken«, kam es stattdessen durch die Muschel.

Huch. Ganz neue Töne.

Futterlust durch Wiegen? Hatte ich noch nie gehört, aber des Menschen Psyche ist ja ohnehin ein nie endendes Rätsel. Da gibt es nichts, was es nicht gibt.

»Echt?«, fragte ich voller Bewunderung. Ein Leben ohne Waage fand ich beeindruckend. Nicht sehr verwunderlich, denn ich bin geradezu ein Wiegejunkie. »Ich wiege mich ständig«, bekannte ich. »Manchmal sogar abends und morgens, um zu sehen, wie sich das Gewicht über Nacht entwickelt.«

»Dann spielst du Sannchen forscht«, freute sich

Lilli. Mit Forschungsideen kriegte man sie fast immer.

Aber ich sah es weniger als Forscherdrang an.

»Ich hab den WiFi«, sagte ich stattdessen.

»Hä?«

»Wiegefimmel. Der geht Hand in Hand mit dem Verkaufsrangfimmel«, erklärte ich.

»Oh, das kenn ich. Ich hab den Post- und Mailabfragefimmel! Nur Gewicht und Kontostand will ich nicht wissen, die denke ich mir lieber schön.«

»Kontostand muss ich. Da geht nichts dran vorbei. Oh. Wetter guck ich auch oft. Und Glücksklee! Ich liebe Glücksklee und kann nicht spazieren gehen, ohne danach Ausschau zu halten. Vierblättrige Kleeblätter und ich – das ist eine besondere Geschichte.« Ein Seufzer entschlüpfte mir. »Ich glaube, ich hab einen FiFi.«

Lilli musste nicht lange überlegen.

»Fimmel-Fimmel?«

Ja, wir verstanden uns.

»Genau«, bekannte ich. »Aber das ist okay. Ich lebe nicht schlecht damit.«

»Also, mich machen die meisten Fimmel unglücklich. Sie hindern mich, den Moment zu genießen.«

Darüber musste ich jetzt erst kurz nachdenken. Hatte Lilli recht? Machen Fimmel unglücklich? Nach einer kurzen Pause sagte ich: »Ich krieg Fimmel und den Moment genießen irgendwie ganz gut nebeneinander hin. Aber jetzt, wo du es sagst: Ich glaube, je glücklicher ich bin, desto weniger Fimmel habe ich, oder nein, ich hab sie trotzdem, aber sie verlieren an Bedeutung.« Ein Geistesblitz durchzuckte mich und ich quietschte auf vor Begeisterung. »Weißt du was? Ich glaube, das wäre eine tolle Geschichte für meine Glücksfee. Darf ich?«

»Klar«, kam es prompt. »Mach nur. Und wir nehmen uns vor, weniger zu fimmeln. Okay?«

»Ja, du hast absolut recht. Ich will es zumindest versuchen. Und die Geschichte werde ich ›Nicht fimmeln, leben!‹ nennen.«

Leises Kichern kam durch den Hörer. »Klingt ein bisschen schlüpfrig.«

»Macht nichts«, entgegnete ich trocken. »Dann macht es neugierig. Aber vielleicht fällt mir noch ein anderer Titel ein. Mal sehen.«

Mit unserer Fimmelei hatten wir es geschafft, Lillis Lebensmatsch so weit nach hinten zu schieben, dass sie sich wieder über die Sonne und den Tag freuen konnte. Wir verabschiedeten uns und ich kümmerte mich gut gelaunt um meine Arbeit. Die Fimmel-Geschichte wollte geschrieben werden, schließlich sollte die Glücksfee bald auf dem Tisch der Lektorin landen.

Ein paar Tage später rief Lilli an. »Fimmelst du noch oder lebst du schon?«

Und wie ist es mit Ihnen? Fimmeln oder leben? Oder sind Sie auch ein Irgendwie-beides-Typ?

Och, das bisschen Schnupfen ...

Männerschnupfen.
Spüren Sie den leicht ironischen Unterton des Wortes? Ja, okay, ich gebe es zu, leichter Unterton ist zu harmlos. Das Wort strotzt nur so vor Ironie. Es hat ironische Untertöne, Obertöne und Haupttöne. Im Grunde besteht das Wort zu einem Prozent aus der Information: Mein Mann ist erkältet – und zu neunundneunzig Prozent aus Ironie. Wenn ein Mensch auf die Frage nach seinem Liebsten sagt: »Männerschnupfen«, wissen alle sofort, was Sache ist. Alles Mitleid gilt der gesunden Hälfte der Partnerschaft, denn die Lage ist ernst.

An dieser Stelle muss ich dieses Kapitel unterbrechen und zwischendurch mal eben über eine Frage nachdenken, die sich mir beim Schreiben stellt. Der Klassiker: Frau leidet, weil ihr Mann Männerschnupfen hat, unter seinem kaum zu ertragenden Gejammer.

Nun ist Ihnen vielleicht aufgefallen, ich habe mich bemüht, die Sache mit dem Partnergeschlecht neutral zu halten, denn auch ein schwules Pärchen ist nicht vor Männerschnupfen gefeit. Mehr noch, die Wahrscheinlichkeit, darunter zu leiden, ist verdoppelt (Ja, ich bin ein Mathegenie!). Was mir jetzt aber nicht klar ist: Spricht ein Mann, wenn sein Liebster mit Schnupfen und anderen lebensbedrohlichen Dingen wie Halsweh, Husten und kalten Füßen das Bett hütet, auch liebevoll ironisch von Männerschnupfen?

Müsste er nicht von Natur aus wissen, wie ernst die Lage ist, und sich derlei ironische Klänge verkneifen? Dieser Bumerang kommt doch zwangsläufig im Laufe der Zeit zurück. Kein Mensch – und schon gar nicht ein Mann – schafft ein Leben ohne Schnupfen.

Ich weiß die Antwort nicht, werde der Angelegenheit aber ganz sicher bei Gelegenheit auf den Grund gehen.

Jetzt aber zurück zum Thema.

Männerschnupfen.

Vielleicht sollten wir die Ironie überdenken, die wir mit diesem Begriff verbinden. Forscher haben herausgefunden, dass Männer tatsächlich anders leiden als Frauen. Es ist nicht das Kind im Manne, das nach seiner Mami ruft, und damit Ehefrau oder Ehemann auf der Jagd nach wärmeren Socken, einem zweiten Kissen, frischer Bettwäsche, einem heißen Tee – ach nein, doch lieber etwas Kaltes bitte! – durch die Gegend scheucht. Die Gänge zur Apotheke, die geforderte Anpassung von Raumtemperatur und Raumfeuchtigkeit sind keine Marotten des leidenden Mannes. Es sind zwingend notwendige Überlebensstrategien. Dass es Männer so viel härter trifft als Frauen, liegt Studien zufolge an der schneller antwortenden Immunabwehr von Frauen und diese wiederum wird durch das Hormon Östrogen gesteuert.

Aber auch wenn Frauen überwiegend eine bes-

sere Abwehr haben, heißt das nicht, dass sie immun sind.

Auch ich nicht. Obwohl ich mir das gern ein-
bilde.

Und so war es eines Tages dann doch so weit.
Die Erkältung hatte mich in ihrer eisigen Zange.

»Mir ist kalt. Meine Nase ist zu und mein Hals
kratzt. Ich will das nicht.« Ich zog die Schultern
hoch, verschränkte die Arme vor der Brust und
suhlte mich in meinem Elend.

Lilli schob mir die nächste Packung Taschentücher über den Tisch und ertrug mein Gejammer
mit stoischer Gelassenheit. Ich hatte angerufen
und unsere Teestunde absagen wollen, aber sie
war fest davon überzeugt, gegen Erkältungen
immun zu sein.

Tja. Das dachte ich von mir auch.

Hatschi!

Aber sollte es sie erwischen, konnte ich immer
noch sagen: »Du wolltest ja nicht auf mich hören.«

»Mit so ein paar Schnupfentierchen kannst du
mich nicht schrecken«, hatte sie meine telefoni-

sche Warnung kommentiert und war bald darauf bei mir zu Hause einmarschiert. Samt Taschentüchern, Obst, Keksen und Erkältungsbonbons. »Hinsetzen und sitzen bleiben.« Freundlich, aber bestimmt hatte sie mich in meinen Ohrensessel gedrückt, war in der Küche verschwunden und hatte Tee gekocht.

Nachdem der Tisch gedeckt und wir beide versorgt waren, machte sie es sich mir gegenüber gemütlich. Lilli plauderte und ich hörte zu. Selbst reden wollte ich nicht. Mein Hals kratzte.

Als sie von ihrem missglückten Date erzählte, der Kerl war ein Pfau sondergleichen, musste ich lachen.

Gar nicht gut. Das Lachen provozierte einen Hustenanfall. Na prima. Husten also jetzt auch noch.

Als ich mich wieder gefangen hatte, blickte Lilli mich mit einer guten Portion Mitleid an. Im nächsten Moment kiekste sie. »Das hätte ich fast vergessen! Moment!«

Schwupp, zog sie die Wärmflasche hinter meinem Rücken hervor, kramte in ihrem Korb und hantierte herum. Sie hatte sich so hingestellt, dass ich nicht sehen konnte, was vor sich ging.

Kurz bevor ich losjammern wollte, drehte sie sich zu mir und streckte mir meine Wärmflasche hin. Mit einem neuen Bezug!

»Sollte dein Geburtstagsgeschenk werden«, erklärte sie und hatte ein freudiges Funkeln in den Augen. »Aber jetzt feiern wir einfach deinen Nicht-Geburtstag. Ich dachte mir, das Möpschen heitert dich vielleicht auf.«

Sehr!

Ich streichelte über den flauschigen Stoff und das aufgenähte Mopsgesicht und bewunderte – haaatschiiii – Lillis Talent! Unter dem Mopsgesicht – es war nicht irgendein Gesicht, es war Töps! – stand: Deine Chef-Glücksfee.

Ich nieste und schnäuzte mich. Ein bisschen Schnupfen und viel Rührung!

Ich fühlte mich schlagartig viel besser. Wer solche Freunde hat, dem kann eine Erkältung nichts anhaben.

Hatschii!

Liebe Leserin,

für den Fall, dass wieder einmal ein Schnupfen

Sie heimsuchen sollte, haben Sie ab jetzt Grund zur Freude: Sie sind kein Mann, vermutlich ist Ihre Abwehr also gut und Sie sind bald wieder fit.

Lieber Leser,
sollte das Pech eines Schnupfens Sie ereilen – und wie wir nun wissen, ist das Risiko für Sie als Mann ungleich höher –, dürfen Sie nun getrost alle ironischen Kommentare in den Wind schießen, denn immerhin stehen die Studien auf Ihrer Seite. Es ist eindeutig belegt, wie sehr Sie leiden. Wenn das kein Glück ist!

Aber wo steckt eigentlich die Glücksfee, während wir uns die Nasen putzen und die Füße an die Wärmflasche pressen? Na, was glauben Sie denn, wer für die Taschentücher, den Tee und die Wärmflasche sorgt?

Glück wie ...

Geborgenheit

Liebe

Überschäumen

Charakter

Kekse (Wenn sonst nichts mehr hilft, Kekse helfen immer!)

Glück im Unglück

Manchmal bricht das Leben mit so viel Kra-
wumms über einem zusammen, dass man es
kaum fassen kann. Je nachdem, wie man in solchen Ausnahmesituationen reagiert, kann man
den weiteren Verlauf bestimmen. Wenn alles doof ist, so richtig, richtig doof, dann hilft
mir eine große Portion Zweckoptimismus und
schon bekommt das Schwarz helle Stellen.
Ich zeige es Ihnen an einem Beispiel aus dem
Alltag:
Stadtverkehr, Stop-and-go, ein Moment der Unachtsamkeit.
Knall!

Blechschaden. Ein Rücklicht beim Vordermann ist hin und auch das eigene Auto hat ein paar Schrammen.

Ärgerlich genug, doch jetzt kommt es darauf an. Wir haben es in der Hand.

Wir können aus einem Blechschaden ein big Drama machen und damit dem Weltuntergang nahe kommen oder wir atmen durch und werden uns des Glücks bewusst, dass weder uns noch dem anderen Unfallbeteiligten etwas passiert ist.

In beiden Fällen endet der Unfall mit dem Austausch der Daten und der Abwicklung über die Versicherung. Doch in dem einen Fall sind wir hinterher komplett erledigt und vollkommen aufgelöst, im anderen Fall ärgern wir uns vielleicht über unsere kurze Unachtsamkeit (oder die des anderen, je nachdem), aber wir können den Stress abstreifen, denn wir sind dankbar für das Glück.

Soweit meine Ausführungen und es dürfte keine Frage für Sie sein, für welchen Verlauf ich mich entscheiden würde.

Und jetzt noch eine Geschichte aus meinem Leben zu diesem Punkt.

Mein Freund (und heutiger Mann) und ich waren gerade erst zusammengezogen und dabei, uns ein gemeinsames Leben aufzubauen, als das Schicksal zuschlug.

Er hatte einen Herzinfarkt.

Ziemlich aufgelöst stürmte ich ins Krankenhaus, um meinem Liebsten beizustehen. In der Sekunde, als die Schwester mich fragte, ob wir verwandt seien, sagte ich ohne lange nachzudenken: »Ich bin seine Verlobte.«

Es war eine Notlüge, denn ich wusste, als Freundin würden sie mich nicht zu ihm lassen.

Minuten später saß ich an seinem Bett und hielt Händchen.

Er hing an piepsenden und gurgelnden Geräten und wirkte verloren. Doch während ich noch damit kämpfte, nicht in Tränen auszubrechen, grinste er mich mit einem kleinen Blitzen in den Augen an. »Ich hab behauptet, du bist meine Verlobte«, sagte er.

Jetzt musste ich lachen. »Ich auch«, gab ich zu.

Sein Grinsen wurde breiter. »Dann ist es jetzt

so«, sagte er. Ich nickte. Sprechen ging in diesem Moment nicht.

Und so kam es, dass wir uns getrennt voneinander miteinander verlobt haben. Wann immer ich an diesen Tag zurückdenke, überwiegt nicht der Schrecken, sondern die Liebe.

Immer dieses
Wochenende

Freitag. Endlich! Das Wochenende steht vor der Tür. In meinem sozialen Netzwerk – und ich wage zu behaupten, nicht nur in meinem – gehen Erleichterung über eine überstandene Woche und Vorfreude auf ein entspanntes Wochenende Buchstabe an Buchstabe.

Allüberall liest man Sätze wie:

Ich wünsche euch ein schönes Wochenende!

Erholt euch gut!

Genießt das Wochenende und macht es euch gemütlich.

Wochenende. Juhuu! Wieder eine Woche geschafft!

An Montagen ist das mit den guten Wünschen deutlich verhaltener. Zwar finden sich auch hierzu ein paar positive Sätze, aber meist geht es doch erst einmal darum, dem Unmut über den Montag und den Wochenstart ordentlich Luft zu machen. Da werden Dinge gepostet wie:

Montag? Wieso das denn? Ich war doch noch gar nicht mit dem Wochenende fertig!

Bäh. Ich hab den Montagsblues.

Wieso schon wieder Montag? Wenn ich den erwische, der die Uhr vorgedreht hat!

Haltet durch! Noch fünf Tage, dann ist Freitag!

Montag, und die Woche nimmt kein Ende.

Oft werden die Sprüche mit entsprechenden Bildern unterlegt:

Hunde, die sich unter der Decke verkriechen, findet man oft. Dazu der Text: Ist der Montag weg? Kann ich wieder rauskommen?

Jemand mit Telefon am Ohr: Hallo? Ist da der Montag? Ich wollte nur sagen: Du brauchst dich nicht beeilen, der Sonntag bleibt gerne etwas länger.

Ein Gesicht, das aussieht, als hätte derjenige gerade in eine Zitrone gebissen. Dazu: Ist das Wochenende wirklich schon wieder vorbei? Oder auch: Montag? Schon wieder?

Was hat er uns nur getan, dieser Montag, dass er so viel Schelte und Missachtung verdient? Und die Tage bis Freitag gleich mit?
Wenn wir immer nur von Wochenende zu Wochenende fiebern und den Alltag als Last empfinden, vergeuden wir 5/7 unseres Lebens mit Warten.

Können wir das wirklich wollen?

Wäre ein Leben nicht schrecklich fad, wenn es nur Samstag und Sonntag gäbe? Wo bliebe das Prickeln? Die Frage: Was die Woche wohl bringen wird? Was dieser Montag wohl für mich im Gepäck hat?

Wir sollten sie genießen, die Montage, Dienstage, Mittwoche, Donnerstage, Freitage, Samstage und Sonntage. Jede einzelne Sekunde.

Geben wir jedem Tag unseres Lebens die Chance, uns glücklich zu machen.

Es lohnt sich.

Und unsere Glücksfeen werden es uns danken!

Eine kleine Glücksübung

Jeder Tag kann dein Glückstag sein – diese Übung steht genau unter diesem Motto.
Führen Sie ein Glückstagebuch.
Notieren Sie über einige Wochen hinweg jeden Abend mindestens einen Glücksmoment, den dieser Tag für Sie im Gepäck hatte. Es dürfen auch mehrere Glücksmomente sein, nur einen Tag ohne Eintrag sollte es nicht geben, denn jeder Tag hat Momente des Glücks. Wirklich jeder.
Selbst an Tagen, bei denen man abends ins Bett kriecht und denkt: »Der Tag darf abgeholt werden, der war blöd«, findet man bei genauem

Hinsehen und Hinfühlen noch positive Momente. Je öfter man das trainiert, desto leichter fällt es, den Fokus auf die Glücksphasen zu legen, und desto schwächer wird das Alltagsgrau.

Als Anregung, so sieht mein Glückstagebuch der letzten sieben Tage aus:

Montag
- perfektes Wetter und ein ausgedehnter Spaziergang mit Töps
- eine tolle Idee für den nächsten Roman

Dienstag
- Zusage für das nächste Buch
- bei einem Glas Sekt das Leben gefeiert

Mittwoch
- ein Telefonat mit meinem Sohn
- der erste Kamillentee aus eigener Ernte
- herrliches Herbstwetter

Donnerstag
- trotz heftiger Alltagswellen beim Spaziergang durchgeatmet

Freitag
- über Töps gelacht
- einen Seelenwärmer zu Ende gestrickt und direkt hineingekuschelt

Samstag
- eine innige Umarmung und das gute Gefühl, geliebt zu werden

Sonntag
- ohne Störung durch Telefon oder Mails arbeiten
- ein Spaziergang im stürmischen Herbstwind
- Töps' flatternde Ohren, wenn er über die Felder saust

Oft fallen uns im ersten Impuls die Dinge ein, die nicht so glattliefen, über die wir uns geärgert haben oder die so richtig danebengingen.

Das ist in Ordnung. Aber wir schenken ihnen keine Aufmerksamkeit, sondern schieben
sie in Liebe weg und konzentrieren uns auf die
Glücksmomente. Sie werden bald spüren, wie
Ihre Glücksfee an Kraft gewinnt.

Zählen,
messen,
kontrollieren

Messen ist modern. Unsere Handys vernetzen uns nicht nur mit der Welt, sondern auch mit unserem Körper. Da werden Schritte gezählt, wird der Puls kontrolliert und wird festgehalten, wann es wie viele Sporteinheiten gab.

Früher fühlte man in sich hinein, um festzustellen, wie es einem ging. Man hörte auf die Körpersignale und wusste: Achtung, Stress!

Heute legt man den Finger auf den Sensor und das Handy zeigt einem, ob man gestresst ist oder nicht. Es gibt sogar Apps, um zu signalisieren, wann man etwas trinken sollte, wann es Zeit für einen Apfel ist oder man eine Pause von der

Bildschirmarbeit einlegen sollte.

Wie alles im Leben ist auch der Umgang mit dieser Art der Selbstkontrolle ein Balanceakt.

Natürlich kann man es ganz sein lassen, aber Hand aufs Herz: Wer will schon gänzlich unmodern sein? Also tastet man sich heran und probiert aus. Mein Vorschlag, um dabei glücklich zu sein: Spielen Sie mit den Möglichkeiten der modernen Technik, aber lassen Sie sich nicht davon das Leben diktieren.

Gerade jetzt ist eine gute Gelegenheit, Ihren Umgang mit den Möglichkeiten zu reflektieren. Fühlen Sie sich wohl damit? Gibt es Apps, die schon länger lästig sind, Sie haben das Löschen aber immer aufgeschoben? Dann tun Sie es jetzt sofort. Bevor Sie weiterlesen.

Ich selbst habe auch ein paar Apps, die mich durch den Tag begleiten und mit denen ich meine Fimmelei zelebrieren kann. Wetter und Schrittzähler vor allem.

Was noch fehlt – zumindest habe ich es noch nicht entdeckt –, ist ein Glücksscanner oder eine Glück-Erinnerungs-App. So eine App würde mir gefallen.

Da kommen dann über den Tag verteilt freundliche Anregungen wie: *Lächeln nicht vergessen!*
oder *Denk für eine Minute an etwas Schönes!*

Aus der
Chef-Glücksfee-Reihe:
Gänseblümchen

Ein Gänseblümchen macht noch keinen Frühling (oder so ähnlich), aber wenn der Winter sich dem Ende entgegenneigt, giere ich regelmäßig dem ersten Gänseblümchen und natürlich dem Frühling entgegen.

In dem Jahr, als Töps bei uns einzog, erwartete ich das Ende des Winters wohl noch ein wenig sehnlicher als sonst, denn ich wollte endlich mit Töps die Gegend erkunden und genüssliche Zeit in der Natur verbringen. Schnee und Kälte – und davon hatten wir in diesem Winter reichlich – sind nichts für ein kleines, zartes Hundebaby.

Und dann kam dieser lang ersehnte Tag. Das Thermometer kletterte in zweistellige Plus-Regionen. Die Sonne blitzte und strahlte vom hellblauen Himmel auf uns runter und ließ auch die letzten Schneereste schmelzen. Das Gras reckte sich der Wärme und dem Licht entgegen und fast hatte ich den Eindruck, ich könnte den Halmen beim Wachsen zusehen. Gut gelaunt spielte ich mit Mopsbaby Töps auf der Wiese hinterm Haus, als mir das erste Gänseblümchen des Jahres zublinzelte.

Was für ein Glücksmoment!

Wie immer zelebrierte ich dieses erste Frühlingszeichen voller Ehrfurcht. Ich bestaunte dieses kleine, zarte Wunder und strich sanft mit der Fingerspitze über die Blütenblätter. Doch dieses Jahr war ich nicht alleine und natürlich wollte ich mein Glück auch mit meiner Glücksfee teilen.

»Schau mal, Töps!«, rief ich also. »Das erste Gänseblümchen!«

Möpselchen tappelte neugierig zu mir, schnupperte kurz am ersten Gänseblümchen seines Lebens und – happs!

Jetzt heißt die Geschichte: Es war einmal ein Gänseblümchen ...

Aber Mops war glücklich und meine innere Glücksfee hatte ihren Spaß. Wir wissen ja: Lachen ist gesund und fördert das Glücksgefühl.

Und dann
sind da noch ...

die Menschen, die verzweifelt suchen und suchen und gar nicht merken, dass das Glück längst in ihnen wohnt. Sie haben vergessen, wie es sich anfühlt, glücklich zu sein.
Deshalb bitte: innehalten, durchatmen, in sich hineinfühlen und staunen, wie viel Glück und Glückspotenzial da ist und nur auf die Entdeckung wartet.

Viele Menschen wissen,
dass sie unglücklich sind.
Aber noch mehr Menschen wissen nicht,
dass sie glücklich sind.

Albert Schweitzer

Aus der
Chef-Glücksfee-Reihe:
Alles Käse

Käse ist köstlich! Ich liebe die zarten, feinen Frischkäse ebenso sehr wie die aromatisch kräftigen Sorten. Selbst Münsterkäse bringt meine Glücksfee zum Tanzen und lässt mir das Wasser im Mund zusammenlaufen.
Aber das hatten wir ja schon:

Glück ist relativ.

Wenn ich noch herzhaft genieße, streikt mein Mann schon lange. Münsterkäse kommt ihm nicht auf die Zunge. Genau genommen noch nicht einmal ins Auto. Womit wir beim Problem sind: Will ich mir von einem Ausflug ins Elsass diese Köstlichkeit mit nach Hause nehmen, muss ich mir etwas einfallen lassen. Eine Mehrfachverpackung zum Beispiel. Der Käse kommt in eine gut verschließbare Schüssel, diese in einen etwas größeren – ich muss es eigentlich nicht erwähnen, ebenfalls gut verschließbaren – Behälter und bitte, aller guten Dinge sind drei, das weiß man ja, diese Geruchsbombe muss nun mindestens noch in die Hartplastikkühlbox, die natürlich (!) gut verschlossen wird. Auf diese Weise kann ich meinen Liebsten eventuell überreden, meinen Käseschatz zu transportieren.

Nur, wer hat schon immer mehrfach ineinanderpassende Schüsseln und Behälter im Auto? Manchmal kommt so ein Kauf auch unerwartet. Und so hatten wir auf der Heimfahrt auch schon eine Plastiktüte mit Münsterkäse am Beifahreraußenspiegel hängen. Hat auch funktioniert. Zu Hause gab es dann für den Käse und mich ein gemütliches Plätzchen außerhalb des Hauses, wo ich in Ruhe genießen konnte. Die Fenster blieben so lange geschlossen.

Jetzt, wo ich darüber schreibe, fällt mir auf, dass ich lange keinen Münsterkäse mehr hatte. Da steht wohl bald ein Ausflug ins Elsass an. Aber erst einmal lade ich Sie in mein Bett ein. Natürlich nur theoretisch, bitte kommen Sie nicht auf komische Ideen.

Es war eine kühle Nacht im beginnenden Frühling. Töps wohnte gerade erst seit ein paar Wochen bei uns, wir steckten noch mitten in der Kennenlernphase. Nach unserer Abendrunde hatten Babymops und ich uns relativ früh ins Bett verzogen. Dass Herr Mops selbstverständlich ins Bett gehört und nicht in sein Körbchen davor, hatte er mir bereits in der ersten Nacht klargemacht. Nach endlosen Jammer- und Scharrstunden hatte ich es eingesehen und seither schläft Töps an meiner Seite, eine leise schnarchende Glücksfee.

Auch an diesem Abend schnarchte es neben mir, während ich noch etliche Seiten meines aktuellen Schmökers verschlang, bevor ich mich auch der Entspannung des Schlafes anvertraute.

Wohlig drehte ich mich in meinem frisch bezogenen Bett auf die Seite. Frische Bettwäsche lockt jede Glücksfee heraus, und so war es kein Wunder, dass ich ausgerechnet in dieser Nacht ganz wunderbare Träume hatte. Gerade hatte ich noch am Strand auf Amrum Muscheln gesucht und mir den Wind um die Ohren wehen lassen. Vermutlich inspiriert vom Waschmittel mit der milden Meeresbrise, hatte ich tatsächlich das Meer in der Nase.

Töps' leises Schnarchen bildete in meiner Traumwelt das Rollen der Wellen, die immer und immer wieder auf den Strand liefen.

Ich wechselte die Position, drehte mich zur anderen Seite und träumte weiter. Aus den Wellen heraus trat eine Gestalt. Ich staunte. Da kam ein Wesen auf mich zu, das aussah wie Alf und eine Krone auf dem Kopf trug. Neptun hatte ich mir immer irgendwie anders vorgestellt. Unter dem Arm trug die Gestalt etwas, was ich zuerst nicht identifizieren konnte. Später erkannte ich es: Es war ein Käselaib.

»So«, tönte es zu mir rüber. »Du bist also die Kä-
seliebhaberin. Kannst nicht genug davon kriegen, wie?« Die Stimme hatte ein sehr angeneh-
mes Timbre.

Ich grinste und nickte. »Ich liebe Käse, stimmt.
Und ich gönne ihn mir nur hin und wieder, da er
sich nicht so gut mit meiner angestrebten Kör-
perlinie verträgt. Vermutlich sollte ich mir mal
wieder ein Stück gönnen, wenn ich jetzt schon
davon träume.«

Dieses Schweben zwischen Traum und dem
Wissen, dass es sich um einen Traum handelt, ist
ein witziges Gefühl. In diesem Stadium des Seins
hat man alle Freiheiten, kann die Arme ausbrei-
ten und mal eben um die Welt fliegen. Oder eben
dem Käsekönig begegnen.

Die Gestalt setzte sich an einen Tisch – wo kam
der denn her? – und lud mich mit einer freund-
lichen Geste ein, es ihr gleichzutun.

»Ich bin Norbert der Fünfte. Meines Zeichens
Käsekönig. Und da du mich gerufen hast, habe
ich dir eine reiche Auswahl mitgebracht. Bitte
schön. Greife zu und genieße!«

Der Tisch, Sekunden vorher noch blank und

leer, hatte sich innerhalb eines Wimpernschlags mit Köstlichkeiten gefüllt. Der Duft war so umwerfend, dass ich immer wieder tief einatmen musste. Diese Käsewolke trug mich direkt ins Paradies.

»Und das Gute daran ist«, mümmelte ich und schob mir ein großes Stück Bergkäse in den Mund, »dass der Traumkäse keine Kalorien hat.« Ich griff nach dem Glas, das vor mir stand – der Käsekönig hatte wirklich an alles gedacht! – und spülte mit einem Schluck Rotwein nach. »Von mir aus kannst du mich gern öfters im Traum besuchen.« Ich lehnte mich glücklich und zufrieden in meinem Stuhl zurück und lauschte dem Rauschen der Wellen. Plötzlich machte sich eine Welle selbstständig, bäumte sich auf und platschte mir ins Gesicht.

Mit einem Schlag war ich wach und sah mich Auge in Auge mit Töps, der gerade zum nächsten Nasenschlecker ansetzte. Automatisch begann ich, ihn zu streicheln, was ihn veranlasste, sich umgehend auf den Rücken zu drehen und mir seinen Bauch entgegenzustrecken. Seinen Bauch und damit natürlich auch seine Pfoten.

Was soll ich sagen?

Die Duftwolke, die von Töps ausging, katapultierte mich direkt wieder zum Käsekönig. Kein Wunder, Herr Mops hat Käsefüße vom Allerfeinsten.

Der Duft von Käse macht mich jetzt nicht mehr nur kulinarisch glücklich, sondern trägt auch die Liebe zu meiner Chef-Glücksfee in sich.

Geteiltes Glück
ist ganzes Glück

Geteiltes Leid ist halbes Leid. Diesen Spruch hat sicher jeder schon mal gehört. Und wenn es darum geht, ein Stück Leid loszuwerden, sagt sicher niemand Nein. Da würde man doch ohne zu zögern auch mehr als die Hälfte abgeben, oder? Immer weg mit dem Leid.

Ich möchte mich mit meinen Überlegungen aber lieber wieder den schönen Seiten des Lebens zuwenden. Lassen Sie uns auf das Glück und unsere Glücksfeen blicken. Wir kehren die Angelegenheit einfach um und haben – zack – wieder eine neue Glücksstrategie: Teilen!

Teilen Sie Glück, verschenken Sie es großzügig

und genießen Sie das, was zurückkommt.
Das Schenken wirkt wie ein Katalysator, das Glück wird stärker, aktiver, größer, schöner und immer mehr, je mehr Sie davon abgeben.

Lilli und ich schreiben uns ganz altmodisch manchmal auch Briefe und damit sind wir absolut modern, denn heute nennt man das, was früher eine Selbstverständlichkeit war, liebevoll Handlettering.
Wobei die moderne Variante das alt Überlieferte neu interpretiert und Briefen durch liebevolle Gestaltung Persönlichkeit verleiht.
Gleichzeitig transportieren solche handgeschriebenen Botschaften ein wundervoll nostalgisches Flair. Die Magie der Worte kommt auf diese Weise zu besonderer Kraft.

So schrieb mir Lilli:
Was ich schon längst einmal schreiben wollte und gerade sehr schön zu deinem Glücksbuch passt, liebes Sannchen, ist mein kleines Glück, das du mir mit deinem Frühlingsgeschenk seit Wochen täglich bereitest.

Die Blumen musste ich ins Freie stellen, weil sie so unglaublich duftfreudig waren, dass ich sie im Haus nicht aushalten konnte. Aber ich sehe sie von meinem Wintergartenplatz aus – sie stehen auf der Terrasse, auf dem Tisch vor dem Fenster. Dort fühlen sie sich offensichtlich sehr wohl, denn sie blühen in einer Dreiergruppe in ganzer Pracht und schauen fröhlich zum Fenster rein. Und das seit Wochen schon, das ist einfach herrlich. Ein tägliches mehrfaches Glück ist das für mich, jedes Mal, wenn ich sie ansehe.

Bei uns war es die letzten Tage extrem frühlingshaft. Die Tauben turtelten, sogar ein paar Bienchen haben hier bereits herumgesummt – von den Hyazinthen magisch angezogen! – und ein Zitronenfalter flatterte durch unseren Garten.

Und so ist dieses kleine Blumenglück der Antrieb für mein Briefglück. Natürlich musste ich diese Freude mit Lilli teilen, die wiederum glücklich war, weil es ihr gelungen war, mich glücklich zu machen.

Wir schwelgen im Glück. Es schwingt hin und her und wieder hin und wird dabei immer stärker.

Eine kleine
Glücksübung

Wann haben Sie das letzte Mal einem lieben Menschen einen Brief oder eine Postkarte geschickt? Einfach so, ohne äußeren Anlass?
Ich lade Sie ein, dies genau jetzt endlich einmal wieder zu tun.
Nehmen Sie sich dazu Zeit. Schreiben Sie nicht zwei Zeilen zwischen Tür und Angel und als Teil Ihres sicherlich gekonnten Multitaskings.
Setzten Sie sich, wählen Sie in aller Ruhe aus. Was soll es sein? Ein schönes Briefpapier oder eine Karte? Wer ist der glückliche Empfänger.
Stellen Sie sich vor, wie Ihre Post in den nächsten Tagen beim Empfänger im Briefkasten lan-

det. Sein Gesicht, das Erstaunen, das von einem Strahlen abgelöst wird, wenn er merkt, dass es sich um einen lieben Gruß handelt. Einfach so. Es tut gut, den Menschen ein Lächeln zu schenken. Die Kraft der Liebe ist enorm, man muss nur säen, dann wächst sie und mit ihr das Glück.

Wo Rauch ist,
ist auch ...

Viele Menschen sind Glücksjäger und vergessen dabei, dass sie ganz viel Glück längst gefunden haben. Ich bin eher die Fraktion Glücksfinderin – eine andere Bezeichnung für Rosa-Wolken-Tänzerin (mit Realitätshintergrund).
Ich bin einfach immer und jederzeit bereit, mich über das kleine Glück zu freuen und es zu genießen.
Aber natürlich hofft ein Teil von mir auch immer, dass dieses Glück sich mehren möge. Es soll bitte gedeihen und groß und stark werden, sodass es irgendwann mein Leben überstrahlt und die Schatten so hell werden, dass sie kaum noch

wahrnehmbar sind. Man weiß, sie sind da, aber sie stören nicht.

Und manchmal – es sind Ausnahmen, aber sie kommen vor – versuche auch ich, dem Glück auf die Sprünge zu helfen. Und meiner Natur entsprechend gehe ich dafür durchaus kreative Wege.

Von meinem Glückskleefimmel habe ich Ihnen ja schon erzählt. Ich kann überhaupt nichts dafür, die vierblättrigen Kleeblätter werfen sich mir quasi beim Spazierengehen vor die Füße. Sie scheinen mich zu mögen. So sehr, dass die kleine Holzschatulle, in der ich die Kleeblätter nach dem Trocknen aufbewahre, überquoll. Es waren Hunderte.

Was tun?

Einfach wegwerfen kam nicht infrage. Zum Verschenken waren es zu viele und sie waren auch durch die Art der Aufbewahrung nicht mehr alle gut in Form.

Während ich über die Lösung grübelte, erinnerte ich mich an meine Räucherversuche aus meiner Jugend. Ich habe es geliebt, meine Bude auszustänkern – wie meine Mutter es nannte.

Konnte das nicht auch mit Klee funktionieren? Wieso eigentlich nicht?

Diese Idee ließ mich nicht mehr los, und so kramte ich die letzten Reste Räucherkohle aus meinen Vorräten und alsbald qualmte und rauchte es munter vor sich hin.

Und es qualmte immer mehr und immer weiter – ich hatte wirklich viel Klee gesammelt!

Der Rauch kratzte im Hals und auch die aufgerissenen Fenster halfen nicht wirklich. Leider roch der verkohlte Klee nicht annähernd so gut wie geeignetes Räucherwerk.

Es stank bis zur Zimmerdecke und bis in sämtliche Winkel hinein. Und das über mehrere Tage hinweg.

Glücklich gemacht hat mich die Räucherei nicht, aber zumindest konnte ich – nachdem ich wieder atmen konnte – herzhaft über mich selbst lachen. Und das wiederum ist ein wirklich schönes Gefühl.

Es gibt Erfahrungen, die muss man allenfalls einmal im Leben machen. Und so stehe ich demnächst wieder vor der Frage: Was mache ich nur mit all dem Glücksklee?

Kettenreaktion
des Glücks

Glück ist ansteckend. Sehr! Probieren Sie es aus. Gehen Sie schlecht gelaunt und miesepetrig mit einer Horde gut gelaunter Freunde aus. Sie werden sich nicht lange in Ihrem Schlechte-Laune-Mief halten können. Das Lachen ist einfach ansteckend, und kaum gehen die Mundwinkel nach oben, hat auch die Glücksfee wieder eine Chance durchzukommen. Das innere Lächeln kehrt zurück.

Jetzt ist es aber leider so, dass auch Unglück ansteckend ist. Wenn wir nur noch von Unfällen, Überfällen, Naturkatastrophen und durchgedrehten Politikern (nein, ich schaue dabei nicht in eine Richtung, muss ich auch nicht, denn sie drehen doch irgendwie rundherum durch) lesen und hören, dann mindert das unser persönliches Glücksgefühl. Es fällt uns immer schwerer, unbeschwert zu lachen, uns über die kleinen (und großen) schönen Dinge des Lebens zu freuen.

Das Unglück wird auf sehr unschöne Weise potenziert. Stopp! Das muss doch nicht sein.

Wir haben jede Menge Kanäle, über die wir uns informieren können. Radio, TV, Printmedien – überall gibt es aktuelle Nachrichten.

Wobei – ein kleiner gedanklicher Exkurs sei mir an dieser Stelle erlaubt – immer wieder stellt sich mir die Frage: Wieso müssen Todesnachrichten bekannter Persönlichkeiten eigentlich als Eilmeldungen durch sämtliche Kanäle laufen? Wer genau hat es denn da so eilig? Der Verstorbene doch sicher nicht. Und es ändert nichts am Lauf der Welt, ob ich diese Nachricht nun eine Stunde früher oder später bekomme. Aber wieder zurück zum Punkt.

Wir informieren uns also.

Das ist wichtig. Sehr wichtig.

Aber wieso müssen in den Netzwerken alle,

wirklich alle, einen schriftlichen Pups zu jedem unguten Mist dazugeben? Wenn ich in den Nachrichten gehört habe, Erdbeben in woauchimmer, dann weiß ich das. Ich nehme Anteil, es tut mir von Herzen leid, ich schicke gute Gedanken in das Krisengebiet und hoffe auf viele Überlebende. Je nach Persönlichkeit wird man beten, spenden, Hilfsaktionen starten. Alles super und alles wichtig.

Aber wenn ich dann in den Netzwerken von jedem die gleiche schlimme Nachricht noch einmal um die Ohren bzw. Augen gehauen bekomme, immer mit dem Ausdruck stärkster Betroffenheit und vielleicht noch verstärkt mit dem Vermerk, dass alles immer noch schlimmer wird, dann zieht mich das runter.

Und wofür? Es ändert nichts an der Situation, es hilft niemandem.

Es geht absolut kein positiver Impuls von solchen Beiträgen aus. Im Gegenteil. Sie potenzieren die negative Energie des Unglücks.

Ganz ehrlich, bei meinen Kontakten gehe ich selbstverständlich davon aus, dass sie nicht Samba tanzen, wenn ein Unglück geschieht. Ich weiß, dass sie Anteil nehmen und betroffen sind. Das müssen sie nicht extra betonen.

Als ich eines Tages – wieder einmal genervt von den vielen Negativ-Meldungen – spontan einen liebevollen Post veröffentlichte, hatte ich innerhalb kürzester Zeit viele Kommentare und Klicks von Leuten, die sich einen Moment lang (mit Glück vielleicht sogar etwas länger) gefreut haben.

Das war mein Post:

Wer diesen Beitrag liest, bekommt eine Ladung Glücksstaub ab. Einfach so.

Vielleicht sollten wir alle der Welt ein bisschen Glücksstaub schenken. Wer weiß, vielleicht staunen wir, wie stark unsere positive Kraft ist!

Glücklich
im Regen stehen

Das Wetter! Nichts ist besser geeignet, um Small Talk zu machen – und dabei unserer leider weitverbreiteten Gewohnheit zu frönen, zu jammern und zu klagen. Es ist zu heiß, zu kalt, zu windig, zu trocken, zu nass. Es ist irgendwie nie das Wetter, das man sich gerade wünscht.

Ich selbst bin – das haben Sie inzwischen sicher gemerkt – nicht so sehr der Jammertyp.

Bei mir geht es eher so:

Hey, die Sonne scheint. Juhuu!

Oh, wie schön, es regnet. Ich mag das Prasseln, es ist wie Musik.

Der Wind ist toll, der pustet meinen Kopf frei.

Was für eine Kälte. Herrlich, gut eingemummelt einen Spaziergang zu machen. Der heiße Tee hinterher tut besonders gut!

Nun hat natürlich jeder seine Vorlieben. Ganz sicher würde der eine oder andere gerne die Kunst des Regentanzes beherrschen. Doch stellen Sie sich vor, wie es wäre, wenn Sie sich Ihr Wunschwetter jederzeit bestellen könnten. Es wäre keine Überraschung mehr – und Sie könnten sich nie mehr darüber beschweren.

Ich bin dankbar dafür, dass wir es nicht in der Hand haben.

Ich bin glücklich über die Abwechslung und kann mich auch über einen Spaziergang im Regen freuen. In diesem Punkt sind Töps und ich uns allerdings nicht einig. Er behauptet bei Regen vehement, nicht rauszumüssen. Ganz sicher nicht. Nie. Er würde lieber platzen, als sich den verhassten Tropfen auszusetzen.

In diesem Fall vertauschen wir die Rollen. Dann bin ich seine Glücksfee und sorge dafür, dass er seine Abscheu überwindet und eben doch nicht platzt.

Ich bin also eine Wettertänzerin.

Ich plitsche und platsche mit Vergnügen durch Pfützen. Ich stemme mich lachend gegen den Wind und verrenke mir den Hals, um die fliegenden Wolken beobachten zu können.

Nur in den heißesten Wochen des Jahres tanze ich nicht, da schmelze ich und träume mich ans Ende der Hitzewelle.

In dieser Zeit fällt es mir schwer, glücklich zu sein, da bin ich froh, wenn ich es schaffe zu existieren. Weil ich mich in diesem Zustand des Ertragens aber gar nicht besonders gut leiden kann und für mich selbst auch mit großer Anstrengung meist kaum Grund zur Freude finde, freue ich mich stattdessen mit den Menschen mit, die Spaß an der Hitze haben. Das hilft mir enorm. Es ist schön zu sehen, wenn andere sich freuen. Sie sollen es genießen, meine Zeit kommt sicher auch wieder.

Und was ist Ihre Zeit? Lassen Sie Ihre Glücksfee auch hin und wieder durch den Regen tanzen?

Glückssymbole

Vierblättriger Klee

Schwein

Hufeisen

Schornsteinfeger

Marienkäfer

Elefant

Skarabäus

Glückscent

Fliegenpilz

Mistelzweig

Drache

Katze

Karpfen

Engel

Einhorn

Sternschnuppe

Mops (Ich gebe zu, das ist ein sehr persönlich geprägtes Symbol. Aber es wirkt!)

Unter der Trauer
das Glück

Abschied ist immer traurig – okay, meistens. Ich spreche jetzt nicht von Abschieden, bei denen man einen Glückstanz aufführt. Nein. Nicht die lustige Version. Nicht: Wiedersehen, aber es eilt nicht.

Ich meine den Abschied von etwas oder jemandem, den man liebt. Den Abschied, den man bis zur letzten Sekunde herauszögert, und wenn er dann gekommen ist, verharrt man einen Moment und hofft, dass er vielleicht doch nicht wahr ist.

Es kann ein Umzug sein, ein Arbeitsplatzwechsel, aber auch der schwerste aller Abschiede, der Tod.

Der Abschied, bei dem man liebe Menschen oder auch Tiere einen neuen Weg gehen lassen muss.

In diesen Momenten herrscht Trauer. Die Glücksfee ist in dieser Zeit in uns und hält uns, doch sie arbeitet im Verborgenen, passt auf, dass die Schwärze uns nicht verschlingt.

Wenn wir uns nach der Phase, in der nur Trauer in uns Platz hat, ganz langsam wieder öffnen, wenn wir uns an die gemeinsame Zeit erinnern, an die schönen Momente, an das Glück, das wir miteinander erleben durften, dann streckt unsere Glücksfee ganz vorsichtig ihren Kopf hervor und wagt ein zaghaftes Lächeln.

Die Trauer bleibt, sie wird ein Teil von uns. Doch die Dankbarkeit um erlebtes Glück bringt Licht in die Dunkelheit.

Wie mir meine Glücksfee beim Überleben half

Um Ihnen zu zeigen, wie wichtig es ist, die eigene Glücksfee zu aktivieren, gebe ich Ihnen einen tiefen Einblick in mein Leben. Ich bin sicher, dass es richtig ist. Menschen brauchen Hoffnung und ich möchte sie Ihnen schenken.

In einem der vorigen Kapitel habe ich Ihnen vom Herzinfarkt meines Mannes erzählt. Das war eine schlimme Zeit, doch nie hatten wir uns vorgestellt, wie schlimm es Jahre später noch einmal werden würde. Ich weiß nicht, wo wir ohne die Kraft unserer Glücksfee gelandet wären – ich bin fest davon überzeugt, dass sie uns das Leben gerettet hat.

Im Dezember 2013 wurde mein Mann während unseres Umzugs vom Schwarzwald in die Ortenau schwer krank. Zuerst Keuchhusten, dann als Folgeerkrankung eine lebensbedrohliche Herzmuskelschwäche. Es sah schlecht aus, die Ärzte hatten über Monate wenig Hoffnung.

Ich musste zuerst irgendwie den Umzug schaffen, dabei haben mir mein Sohn und stundenweise zwei meiner Schwestern geholfen. Doch im Vergleich zu dem, was kam, war der Umzug harmlos. Danach ging das Drama richtig los. Meinem Mann ging es immer schlechter und ich lebte über Monate in ständiger Angst, ihn zu verlieren. Besonders morgens – der Moment, bis ich sicher sein konnte, dass er noch atmete – war es kaum zu ertragen.

Neben meinem Beruf als Autorin musste ich unsere Senfmanufaktur komplett übernehmen. Über Monate war mein Mann so schwach, dass er gar nichts machen konnte. Dadurch blieben neben der Firma auch alle Hausarbeiten, Einkäufe, die Fahrten mit ihm zu Ärzten und nicht zuletzt seine Pflege bei mir.

Ich war alleine, mein Sohn hat selbst einen Vollzeitjob und lebt knapp hundert Kilometer von uns entfernt. Er konnte uns also nur an den Wochenenden ein wenig unterstützen.

Eigentlich sollte der Umzug nur eine Zwischenlösung sein, weil wir in einer ehemaligen Gastwirtschaft leben, wo wir die Senferia gut unterbringen konnten. Wohnkomfort ist es nicht. Wir wollten uns schnell wieder ein Haus mit Garten suchen, denn ich liebe die Natur. An einen weiteren Umzug war aber aufgrund des Gesundheitszustandes meines Mannes nicht zu denken. Geholfen haben mir meine Hoffnung auf bessere Zeiten und meine Fähigkeit, mich in meine Arbeit fallen zu lassen. Trotzdem gab es sehr schwarze Stunden, viele Momente, in denen die Verzweiflung größer war als die Kraft. Meine innere Glücksfee kämpfte für mich und sie schaffte es: Ich habe nie aufgegeben.

Die Spaziergänge mit meiner realen Glücksfee, meinem Mops Töps, waren die einzigen Auszeiten. Ich habe mir angewöhnt, während dieser täglichen Stunde nicht über Probleme nachzudenken, meine Angst wegzuschieben und mich nur auf das Jetzt zu konzentrieren. Das hat nicht immer geklappt, aber doch oft genug, um wieder aufzutanken.

In dieser Zeit kam eine Anfrage des SWR. Die Regisseurin wollte mich bei der Arbeit an einem Gartenbuch zum Thema Glück begleiten. Auch wenn ich keine Ahnung hatte, wie ich auch das noch schaffen sollte, wusste ich, dass ich es tun musste. Und so sagte ich zu.

Während der Arbeit entstand die Idee, auch Promigärten ins Buch zu nehmen. Ich wollte eine breite Spanne Gartenglück zeigen, vom Naturgarten bis zum perfekten Designgarten. Martina und Moritz und Johann Lafer haben relativ prompt zugesagt, was eine große Freude war. Ich liebe nicht nur Gärten, sondern koche auch gern und liebe Kochsendungen. Harald Glööckler lehnte meine Anfrage zuerst ab.

Ich war betrübt, denn ich ahnte, dass sein Garten perfekt ins Buch passen würde. Ich erzählte meinen Kollegen im Autorenforum von meiner Enttäuschung. Was ich nicht wusste: Eine Kollegin kannte meinen Wunschgärtner und zog ein paar Fäden. Ein paar Tage später – ich arbeitete gerade am Gartenbuch – klingelte mein

Handy. »Guten Tag, Frau Oswald, hier spricht Harald Glööckler.« Mir fiel fast das Handy aus der Hand vor Überraschung. Das war ein Gänsehautmoment. Herr Glööckler lud mich auf ein Gespräch zu sich nach Hause ein und dabei legte ich ihm mein Herz zu Füßen. Ich schilderte ihm die Wichtigkeit des Projekts und erzählte ihm von meinem Traum vom Glücksgartenbuch mit ihm und seinem Garten. Er brauchte ein paar Tage Bedenkzeit, dann kam die Zusage.

Meinem Mann ging es zu dieser Zeit körperlich etwas besser, allerdings hatte die Todesangst Spuren hinterlassen und er rutschte in eine Depression, die unser Leben tief erschütterte. Es war eine posttraumatische Belastungsstörung.

Mir blieben in dieser Zeit meine innere und meine äußere Glücksfee und die Arbeit an meinem Glücksbuch.

Das war meine Rettung.

Ich konnte durch die Gartenbesuche ein wenig meine Sehnsucht nach einem eigenen Garten stillen und aus meinem sehr anstrengenden Alltag ausbrechen.

Der Traum vom eigenen Garten blieb natürlich dennoch immer da, auch wenn ich keine Möglichkeit wusste, wie ich ihn mir erfüllen könnte. Tief in mir hatte ich die Gewissheit, dass es irgendwie klappen würde.

Zwischenzeitlich musste mein Mann in eine Klinik und ich durfte ihn manchmal am Wochenende nach Hause holen. Wann immer es möglich war, begleitete er mich zu Gartenbesuchen und Dreharbeiten.

Die Dreharbeiten waren fantastisch. Es machte mir großen Spaß. Johann Lafer nahm mich mit in die Küche auf der Stromburg und briet mir Spiegelei mit Pfefferminz.

Das war super! Mein erstes Sterne-Ei.

Und auch die Gewitterstimmung bei unserem Dreh mit Harald Glööckler konnte meine Glücksfee nicht bremsen. Das Ergebnis waren ein wunderbares Glücksbuch und ein dazu passender Film, der ein großes Glück für mich war.

Am letzten Drehtag bekamen wir vormittags die Zusage für einen eigenen Garten. Das Abenteuer Buch und Film »Wo das Glück wächst«

war zu Ende, unser Abenteuer »eigener Garten« begann.

Und mein Mann war – nach mittlerweile 40 Monaten – fast wieder gesund.

Wir sind in dieser Zeit noch enger zusammengewachsen. Unsere Liebe wurde mit jedem Atemzug mehr.

Dass ich wirklich nie die Hoffnung ganz verloren habe, ist kein Wunder, sondern das Ergebnis der harten Arbeit meiner Glücksfee.

Bei seiner letzten kardiologischen Untersuchung vor einigen Wochen schüttelte der Arzt ungläubig den Kopf. Wenn er das Herz nicht selbst behandelt hätte, würde er nicht glauben, dass es sich um dasselbe handelte.

So ist das mit der Hoffnung und den Wundern, die durch Liebe und Glücksfeen möglich werden können.

Die Glücksfee und die
schwarzen Monster

Sie haben mich mit einem starken inneren Lächeln, mit einer inneren und einer realen Glücksfee kennengelernt. Das bin ich auch. Durch und durch.

Ich liebe es, mich ähnlich wie Münchhausen an meinen eigenen Haaren aus dem Sumpf des Alltags zu ziehen.

Doch um wirklich und mit Fundament glücklich sein zu können, darf man die Realität nicht aus den Augen verlieren.

Deshalb ist es mir ein Anliegen, Ihnen etwas zu den schwarzen Monstern zu erzählen.

All meine kleinen und großen Drehungen und

Wendungen, um das innere Glück zum Leuchten zu bringen, funktionieren ausgezeichnet, aber nur bei gesunden Menschen.

Es geht um schlechte Laune, Bauchgrummeln, Moll-Tage und die kleinen und größeren Widrigkeiten des Lebens.

Falls nun aber ein Schleier über Ihrer Seele liegt, falls ein schwarzes Monster namens Depression Sie in den Klauen hat, werden Ihnen meine Tipps zum Glück alleine nicht helfen können.

Sie sind trotzdem wichtig, irgendwann werden Sie auch wieder so weit sein, sie nutzen zu können, aber bei einer echten Depression brauchen Sie therapeutische Hilfe, und ich bitte Sie, sich diese auch zu holen.

Scheuen Sie sich nicht!

Wenn Sie einen Beinbruch erleiden, diskutieren Sie auch nicht, sondern akzeptieren sofort, dass medizinische Hilfe notwendig ist.

Und nun eine Bitte an die Menschen, die in ihrem Umfeld jemanden haben, der an einer Depression leidet.

Einem Menschen mit gebrochenem Bein sagt man nicht: Stell dich nicht so an, lauf halt.

Und genauso sollte man es auch bei einer Depression halten. Es gibt kaum etwas Schlimmeres, was man sagen kann, als: Stell dich nicht so an. Einem Menschen, der das schwarze Monster der Depression in sich trägt, zu sagen: Lach halt mal, dann wirst du schon wieder glücklich sein, ist wie ein Schlag in die Seele.
Tun Sie das bitte nicht!

Die Glücksfee ist da, auch wenn eine Depression sie unsichtbar macht.

Sie ist da und sie hilft im Untergrund mit. Aber gegen eine Depression kann sie nicht alleine kämpfen, da braucht sie Hilfe. Ihr »Lass mich durch, ich bin die Glücksfee« bleibt in den ganz schwarzen Zeiten ungehört.
Sobald die Therapie zu greifen beginnt, hat auch die Glücksfee wieder eine Chance. Von Tag zu Tag wird sie stärker und irgendwann ist sie wieder bereit, das Kommando zu übernehmen.

Aus der
Chef-Glücksfee-Reihe:
Kuh Nr. 50738

Wo die Liebe hinfällt, heißt es oft. Besonders, wenn es scheinbar Gründe gibt, die gegen eben genau diese Liebe sprechen. Es liegt so ein *eigentlich* in dem Satz.

Doch wer kann schon sagen, wer zu wem passt und wer nicht? So viele augenscheinliche Traumpaare, deren Glücksfeen einen harten Job haben, weil die Liebe irgendwann in böser Trennung endet. Und dann wieder Paare, bei denen zu Beginn kaum jemand eine Chance sieht, die aber irgendwann ihren fünfzigsten Hochzeitstag feiern und von Herzen wieder Ja sagen würden. Natürlich gibt es auch die Paare, die sich vom ersten Moment an dauerhaft lieben, und auch die, die eigentlich nicht zueinander passen und es bewahrheitet sich im Laufe der Zeit.

Kurz ausgedrückt: In der Liebe gibt es nichts, was es nicht gibt.

Liebe ist auch so viel mehr als nur ein partnerschaftliches Gefühl. Ich liebe das Leben. Ich liebe meinen Mann und meine in der ganzen Wohnung Fell verteilende, käsefüßige Glücksfee. Ich liebe den Regen, der gegen das Fenster prasselt, und die Stricknadeln in meiner Hand. Ich liebe das leise Klappern, wenn mein Mann neben mir sitzt und wir beide stricken. Unsere Nadeln klappern im gleichen Takt, genau wie unsere Seelen im gleichen Rhythmus schwingen. Einen strickenden Mann zu haben ist toll.

Dialoge hierzu gehen oft so:

»Du strickst?!«

Begleitet wird die Frage mit erstauntem Kopfschütteln und anerkennend hochgezogenen Augenbrauen.

»Ich liebe es!« Stellen Sie sich einen zufrieden grinsenden großen Mann mit starken Händen vor, der winzige Stricknadeln mit einer angefangenen Socke in der Hand hält.

Tja. Wo die Liebe hinfällt – würde ich sagen.

Offenbar habe ich ein Faible für Wesen mit besonderen Liebesgefühlen. Denn auch meine Glücksfee wartete in jungen Jahren mit einer außergewöhnlichen Liebe auf.

Töps und ich hatten eine bevorzugte Strolchrunde gefunden, die an einer Kuhweide vorbeiführte.

Die ersten Begegnungen waren von Neugier auf beiden Seiten des Elektrozaunes geprägt. Doch schon bald hoben die Kühe kaum noch den Kopf, wenn Töps und ich des Weges kamen.

Nur eine der Damen wollte es nicht bei der flüchtigen Begegnung lassen. Kuh Nummer 50738 kam jeden Tag ein wenig näher. Sie schob die Nase unter dem Zaun durch und interessierte sich ganz offensichtlich für Herrn Mops. Dieser wiederum fühlte sich geschmeichelt von so viel Interesse und näherte sich ohne Furcht.

Neugierig schnüffelte Töps das Fell seiner neuen Freundin ab und mochte wohl, was ihm in die Nase stieg.

Obendrein hatte sie auch noch wirklich wunderschöne Augen, diese Kuh.

Während Töps noch beschäftigt war, Gerüche einzufangen, drehte Kuh Nummer 50738 den Kopf zur Seite und fuhr mit der breiten Kuhzunge dem Mops über das Fell.

Ich rechnete mit einem entsetzten Sprung in die Sicherheit diesseits des Zaunes, doch weit gefehlt. Mops fand die feuchte, raue Kuhzunge toll. Er drehte sich, damit seine neue Liebe auch überallhin kam, und ließ sich von der Kuhzunge eine Ganzkörpermassage geben.

Voller Inbrunst leckte Nummer 50738 und voller Glück hielt Töps still.

Als wir unseren Weg fortsetzten, war das Mopsfell struppig und nass vom Kuhsabber und Töps fühlte sich wie der tollste Mops der Welt. Ich konnte es an seinem glücklichen Powackeln erkennen, als er vor mir hertrabte: Hier hatten sich zwei Seelen gefunden.

Diese Liebe hielt einen ganzen Sommer lang.

Als Kuh Nummer 50738 nicht mehr auf der Weide erschien, suchte Töps sie über Wochen. Irgendwann hat er das Schicksal akzeptiert. Eine andere Kuh kam nie infrage, diese Liebe gab es nur einmal.

Heute, Jahre später, hält Töps Kühe lieber auf Sicherheitsabstand, dafür hat er sich gerade in ein Schäfchen verliebt. Die beiden haben sich gestern das erste Mal geküsst.

Diesen Tag können Sie bitte wieder einpacken – den geb ich zurück.

Ja, es gibt sie – diese Tage, die vom ersten Moment an irgendwie falsch laufen. Wie ein schlechter Sänger, der den Ton nicht trifft, trifft dieser Tag einfach alles, was sich ungut, doof oder richtig eklig anfühlt.

Aber sollen wir ihn deshalb wirklich zurückgeben? Nicht ernsthaft, oder?

Lassen Sie uns so einen Tag einmal näher betrachten. Ich stelle einen meiner Doof-Tage zur Verfügung.

Los ging es direkt nach dem Aufwachen. Ich fühlte mich nicht wie sonst meist wach und voller Tatendrang, sondern angematscht und müde.

So schleppte ich mich in die Küche, nur um festzustellen, dass der Kaffee alle war.

Ich müsste es vermutlich gar nicht erwähnen, aber auf dem Weg zum Laden, um den Kaffeenotstand zu beheben, geriet ich in ein Gewitter mit heftigem Platschregen.

Ich mag Regen. Meistens. Allerdings nicht, wenn ich bis auf die Unterwäsche durchnässt bei herbstlich kühlen Temperaturen Kaffee kaufen gehen muss. Das konnte mir auch meine Glücksfee nicht einreden, die sich in mir reckte und mich beschwor, dem Regen und der gesamten Situation etwas Positives abzutrotzen.

Trockengerubbelt setzte ich mich eine Weile später an meinen Schreibtisch.

Der Kaffee dampfte und das Aroma lockte die ersten zarten Glücksgefühle aus ihren Schlupfwinkeln. Der Tag bekam eine Chance, sich doch noch positiv zu entwickeln.

Ich startete den Computer. Tagesgeschäft.

Die erste Mail war eine Katastrophenmeldung.

Verflixt.

Über einen Garten, der ins Buch sollte, den ich schon besucht und auch den Text bereits geschrieben hatte, war einen Tag vor dem Foto-termin ein Unwetter mit Hagel hereingebrochen. Fotos für das Buch würde es in diesem Jahr keine mehr geben. Es war ein Glück, dass der Garten überhaupt überlebte (heute blüht er wieder in seiner vollen Pracht!).

Mir tat der Gärtner unglaublich leid und ich mir selbst auch. Die viele Arbeit, die da bereits drinsteckte. Ich war für diesen Garten sechshundert Kilometer gefahren, hatte am Text gefeilt, mit dem Gärtner gemeinsam Rezepte erarbeitet – alles für die Katz.

Die nächsten zwei Stunden surfte ich auf der Suche nach Ersatz durch das Netz. Zeit, die ich eigentlich fürs Schreiben gebraucht hätte. Ich fand keinen Garten, der gepasst hätte. Natürlich entdeckte ich viele tolle Gärten, aber bei keinem sprang mein Bauchgefühl an. Und wenn doch, dann lag der Garten nicht in dem Gebiet, das ich abdecken wollte.

Die zarten Glücksgefühle hatten sich längst wieder verkrochen, die Glücksfee in mir hatte sich zusammengekringelt.

Nicht einmal der ausgiebige Nachmittagsspaziergang mit Töps half, um die Schlechte-Laune-Geister zu vertreiben. Der Tag machte genau in der Mollstimmung weiter, in der er begonnen hatte.

Es war einer dieser Tage, bei denen man versucht ist zu sagen: Nehmen Sie den zurück, ich brauch ihn nicht.

Aber ist das so?

Es gibt gute Gründe, auch für diese Moll-Tage dankbar zu sein.

Der erste, in diesem Fall offensichtliche Grund ist: Hätte ich den Tag nicht erlebt, hätte ich Ihnen nicht davon berichten können. Er war also für etwas gut.

Aber es geht noch weiter. In den nächsten Tagen fand ich den Garten, der den Glücksreigen in meinem Buch perfekt abrundete.

Hätte ich den Tag mit der Katastrophenmeldung nicht gehabt, hätte ich nicht kämpfen müssen. Ohne diesen Kampf wüsste ich nicht, wie süß der Erfolg schmeckt. Viel süßer noch, als wenn alles direkt klappt.

Das bedeutet nicht, dass ich mir nun immer Steine im Weg wünsche! Aber es ist ein gutes

Gefühl zu wissen, dass ich bei Bedarf die Kraft und den Mut habe, diese Steine beiseitezuräumen. Mehr noch. Ich habe aus diesen Steinen etwas gebaut, denn so habe ich nun eine Geschichte, die ich bei Lesungen zu dem Buch erzählen kann.

Mein Fazit ist: Mein Leben läuft nicht immer geradlinig und glatt, es gibt Stolperstellen, und so sehr ich es mir in manchen Momenten anders wünsche, unterm Strich ist es in Ordnung. Ich werde nicht aufhören, das Tanzen über diese Stellen zu üben.

Weiter vorne habe ich geschrieben:

Wer nie traurig war, weiß nicht, wie süß ein Lachen schmecken kann.

Und genau unter diesem Aspekt sollten wir sie in Liebe annehmen, diese Tage in Moll. Unsere Glücksfee wird uns danken!

Wenn das Leben
dich nervt,
streu Glitzer drauf!

Sie haben mich und meine Chef-Glücksfee nun kennengelernt. Vielleicht haben Ihre und meine Glücksfee ja sogar Freundschaft geschlossen. Das wäre wunderbar. Freunde sind so wichtig! Meine Freundin Mara zum Beispiel hat mir diese Kapitelüberschrift geschenkt. Also nein, jetzt nicht in einem Päckchen mit Schleifchen drum und sie hat den Spruch auch nicht neu erfunden – aber sie hat ein Buch mit diesem Titel geschrieben. Vorher kannte ich diese Redewendung nicht, inzwischen liebe ich sie. Im übertragenen Sinn hat Mara mir diesen Titel also geschenkt. Danke schön, du Liebe!

Und ich gebe das jetzt hier an Sie weiter und erzähle Ihnen vom Glitzer, den man streuen kann. Bei einem Interview wurde ich einmal nach einem Satz gefragt, der mich treffend charakterisiert. Ich musste nicht lange überlegen: Die mit dem Leben tanzt.

Das bin ich. Hundert Prozent. Aber es bedeutet nur Bewegung, es heißt nicht, dass immer eitel Sonnenschein herrscht. Tanzen kann auch wild sein. Man kann aus dem Takt kommen. Man kann anderen dabei versehentlich auf die Füße treten, und auch die eigenen Füße können darunter leiden. Tanzen ist super, ich liebe es! Aber es ist eben nicht automatisch Glück. Meine Chef-Glücksfee hat es oft, aber bei Weitem nicht immer, leicht mit mir. An solchen Tagen, an denen das Leben mich nervt und stresst und meine Glücksfee verzweifelt ruft: »Lass mich durch, ich bin die Glücksfee!«, greife ich auf Glitzer zurück und streue so lange, bis es mir wieder gut geht.

Ich habe an vielen Stellen in meinem Leben Glitzer, auf den ich zurückgreifen kann. Ich muss nur in mich hineinfühlen und herausfinden, wo er jeweils gerade versteckt ist. Wobei gerade dieses »nur« genau die Hürde ist. Es ist eine Frage der Übung, fühlen zu können, was man braucht, was einem guttut und wo man den persönlichen Glitzer findet. Entspannungsübungen und Visualisierungen können dabei helfen.

Eine kleine Auswahl meiner Glitzerquellen: Töps, Badewanne, mein Mann, Stricken, Spaziergang, Töps, Küche, mein Mann, Freunde treffen, Telefon, Töps, Bücherregal, Schreiben, Rhein, noch mehr Bücher, Tee, Stricken, Töps …

Nun greife ich den Kapiteltitel noch einmal auf, denn mit dieser Aufforderung verabschieden meine Chef-Glücksfee und ich uns nun von Ihnen:

Wenn das Leben dich nervt,
streu Glitzer drauf!

Mein Geschenk für Sie, liebe Leser:

Wer Glitzer braucht

HIER

berühren!

Ge-Danke-n
zum Schluss

Ein Buch zu schreiben ist immer wieder und wieder ein Abenteuer. Dieses Buch vielleicht noch mehr als meine anderen, denn es ist in großen Teilen sehr persönlich.
Ich habe lange überlegt und kam doch immer wieder zu dem Schluss: Ja, es ist richtig.
Ich bin fest davon überzeugt, dass die Welt Glück und Liebe braucht, und es ist mir ein Vergnügen und eine Ehre, meinen Teil dazu beitragen zu dürfen.
Ich bin glücklich mit meiner Entscheidung und genieße das aufgeregte Kribbeln. Das Wissen, dass viele Menschen meine Geschichten lesen

und ein Stück meines Lebens mit mir teilen werden, erfüllt mich mit Dankbarkeit.

Möglich war das alles nur durch die Unterstützung toller Menschen, denen ich von Herzen danke:

Meiner Freundin Lilli, die mein Leben bereichert.

Meiner wunderbaren Agentin Beate Riess, die mich immer unterstützt und motiviert.

Meiner Lektorin Nannette Elke, die von der ersten Sekunde von meiner Glücksfee begeistert war.

Dem gesamten Team des HarperCollins Verlags. Die Zusammenarbeit ist wunderbar und sehr beglückend.

Und natürlich möchte ich mich bei Ihnen bedanken, liebe Leserin, lieber Leser. Danke, dass Sie ein Stück des Weges mit mir gemeinsam gegangen sind.

Ich wünsche Ihnen und Ihrer Glücksfee eine wunderbare Zeit.